URSULA ANNA NEUNER

Getanzte Geschichten bewegen

Expressive Arts Coaching
im künstlerischen Gestaltungsprozess

Inhalt

Prolog   8
Wenn ich tanze, bin ich eins mit mir und der Welt

Vorworte   9
Vom Tanz zu den Expressive Arts
Wie die Ungestalt in meine Handtasche kam

Einführung   16

Kapitel 1   18
Zum Verständnis zentraler Begriffe
Tanz, Choreografie und Expressive Arts im Spiegel der Zeit

Kapitel 2   42
Abenteuer des künstlerischen Prozesses
Expressive Arts Coaching im Choreografie-Projekt *Ungestalt*

Kapitel 3   76
Soli mit nachhaltiger Wirkung
Erfahrungen aus dem künstlerischen Prozess bereichern den Alltag
Poetische Antwort auf jedes Solo

Kapitel 4   94
Performance und Feedback der Öffentlichkeit
Präsentation der Choreografie auf der Bühne –
Reaktionen aus Publikum und Presse

Kapitel 5   96
Kunst ist Leben
Fazit des künstlerischen Prozesses

Epilog   100
Getanzte Geschichten bewegen –
Poetischer Nachklang zur Choreografie

Nachworte und Danksagungen   102

Verzeichnisse und Quellen   103

Anhang   107

Prolog

Wenn ich tanze, bin ich eins mit mir und der Welt

1_ Wigman, Mary (1986): Die Sprache des Tanzes. S. 9
2_ Vgl. ebd. S. 9

Meine Erinnerung an eine frühe Tanzerfahrung und das damit verbundene Gefühl der Leichtigkeit und Lebensfreude geht in mein drittes Lebensjahr zurück. Es war ein Sonntag und es war ein herrlicher Sommertag. Ich hatte einen weißen Petticoat an, darüber ein kurzärmeliges, weißes Kleidchen aus Chiffon mit Puffärmeln, weiße Söckchen und weiße Schuhe. Ich tanzte mit ausgebreiteten Armen durch den Garten meines Lieblingsonkels Schorsch. Ich hüpfte, machte Drehungen und Luftsprünge, meine Arme waren die Flügel eines Schmetterlings. Die Welt duftete nach Sommer und Sonne und ich war mittendrin. Das Leben war in diesem Augenblick Bewegung, Tanz und pures Glück. Die Vision meiner Kindheit war: entweder Tänzerin werden oder zum Zirkus gehen.

Mary Wigman, die Vertreterin der Ausdruckstanzbewegung, die Anfang des 20. Jahrhunderts auf der Suche nach den Gesetzen der ursprünglichen und authentischen Bewegung war und die ihre Tänze ohne Musik und barfuß tanzte, schreibt: „… und für alle, die ihr den Tanz liebt, … so lässt sich doch wohl einiges über jene tiefste und reinste Beglückung mitteilen, die der Mensch empfängt, wenn er sich in den Augenblicken eines voll strömenden Lebensgefühls seine Erlebnisbezirke erschließt und erschafft."[1]

Die Tanzerfahrung meiner Kindheit, die mir auch nach mehr als 50 Jahren immer noch in lebendiger Erinnerung ist, und die Aussage der Tänzerin Mary Wigman haben etwas gemeinsam: das Erlebnis, sich eins mit sich selbst und der Welt zu fühlen. Ein Augenblick des Glücksgefühls, erlebbar, wenn wir uns ganz und mit allen Sinnen in etwas vertiefen: in diesem Fall in das Tanzen. Erleben und Gestalten durchdringen sich, wie Mary Wigman es formulierte.[2]

Vom Tanz zu den Expressive Arts

Vorworte

35 Jahre der Bewegungs- und Tanzerfahrung lagen zwischen dieser Kindheitserinnerung und der Realisierung meiner Vision. In dieser Zeit war ich auf den Spuren unterschiedlichster Tanzstile unterwegs: Klassisches Ballett, rhythmisch-musikalische Bewegungserziehung und Tanzimprovisation bei einer Ballettmeisterin, die selbst noch bei Mary Wigman gelernt hatte. Wie es damals noch üblich war, wurde das Tanztraining mit Klaviermusik begleitet.

Nach meiner Tanzpädagogik-Ausbildung vertiefte ich zeitgenössische Tanztechniken, Tanzimprovisation als eigenständige Kunstform, Tanztheater und Techniken der Körperarbeit, welche die Körperwahrnehmung und das Körperbewusstsein sensibilisierten. Ich beschäftigte mich mit Alexander-Technik, Body-Mind-Centering, Sensory Awareness und Laban-Bartenieff-Bewegungsstudien. Im Bereich des zeitgenössischen Tanzes gibt es heute dafür den Begriff: „Body-Awareness-Work".[3]

Voller Begeisterung explorierte und kreierte ich meinen ganz eigenen individuellen Bewegungsstil und trainierte gleichzeitig mit Freude unterschiedliche Tanztechniken: Jazz Dance, Modern Jazz Dance, Contemporary Dance, Tanztheater. Es gab für mich zwei Seiten der Medaille Tanz, die ich beherrschen wollte und die für mich eine moderne zeitgenössische Tänzerin ausmachten: mit unterschiedlichen Tanztechniken vertraut sein und einen persönlichen Stil entwickeln und anwenden.

Tanzen und Tanz vermitteln zog sich wie ein roter Faden durch mein Leben. Als Studentin unterrichtete ich Kreativen Kindertanz an einer Ballettschule und choreografierte für die Schulaufführung mit den Kindern z. B: „Die Vogelscheuche", „Tanzende Farben", „Manchmal träume ich". Gleichzeitig war ich Mitglied einer Tanzgruppe und stand als Tänzerin auf der Bühne.

[3] Kaltenbrunner, Thomas (1998): Contact Improvisation. S. 19

Vorworte

[4] Neuner, Ursula Anna (1994): Eröffnung der tanzwerkstatt. Ansprache am 15.07.1994

Meine Vision realisierte sich. Ich gründete die *tanzwerkstatt*. Bei der Eröffnungsveranstaltung im Juli 1994 begann ich meine Ansprache folgendermaßen: „Ich eröffne einen Raum, in dem alle tanzinteressierten Menschen herzlich willkommen sind. Hier gibt es für die Teilnahme an Kursen und Workshops keine Altersbegrenzung. Wie schon der Begriff Werkstatt sagt, darf hier gewerkelt, gebaut, geformt und gestaltet werden. Das Baumaterial besteht aus Körper, Bewegung, Tanz und anderen Ausdruckskünsten wie Malerei, Musik und Sprache.

Ich freue mich besonders auf kreative Kunstprojekte in Zusammenarbeit mit befreundeten Künstlerinnen und Künstlern. Als Tanzpädagogin und Diplompädagogin Univ. ist es mir ein Anliegen, meine Tanzkonzepte und meine aus der langjährigen Erfahrung erarbeitete Tanzpädagogik für Multiplikatorinnen und Multiplikatoren erfahrbar zu machen und weiterzuvermitteln."[4]

Im Laufe der folgenden elf Jahre schuf ich mir mit meiner *tanzwerkstatt* einen beruflichen Standort und Namen. Mein Alltag war arbeitsintensiv. Meist war ich rund um die Uhr „in Betrieb". Dabei kamen für mich die künstlerische Arbeit mit meiner tanzwerkstatt-compagnie, die Performancearbeit und vor allem meine persönlichen schöpferischen Pausen zu kurz. Ich spürte meine Erschöpfung und den Verlust eines ausgewogenen Lebens mit Arbeit und Freizeit.

Diagnose Brustkrebs – ein Stopp-Signal! Im Januar 2005 erhielt ich bei einer Mammografie die Diagnose Brustkrebs. Diese Nachricht schlug wie ein Blitz in mein Leben ein. Sie machte mich schlagartig hellwach und forderte mich zum Innehalten, Hinspüren, Nachdenken und Handeln heraus. Ich begriff: Mit der Krankheit setzte mir mein Körper ein eindeutiges STOPP-SIGNAL. Krebs! Der Schrei meines Körpers war meine Chance und die Herausforderung zur Veränderung.

Wie konnte ich in dieser Krise und in meiner Selbstständigkeit überleben? Meine existenziellen Fragen waren zunächst unbeantwortet. Trotzdem kündigte ich meine tanzwerkstatt-Räume. Ich befand mich überraschend schnell in einer Phase des Abschiednehmens und Loslassens von Arbeitsgewohnheiten und von den vertrauten Räumlichkeiten. Ich hatte sie nach meiner Vorstellung gestaltet, belebt und betanzt. Sie waren mir ein Zuhause geworden und ich verließ sie mit einem weinenden und einem lachenden Auge.

Vorworte

Sinn machte für mich nur eines: Zurückfinden zu meinen Wurzeln und zu den Quellen meiner Lebenskraft und Lebensfreude. Nach der Operation fanden sich wie von selbst Menschen, die mich auf meinem Heilungsweg professionell unterstützten. Ich begann sehr bewusst meine persönlichen Ressourcen wahrzunehmen und daraus zu schöpfen: Körper- und Energiearbeit, Malen, Schreiben, Bewegen in der Natur. Angemessene Pausen und das Bewusstsein für das einmalige Geschenk meines Lebens hielten Einzug in mein Denken und Handeln und bewirkten eine positive Veränderung meiner Lebensqualität.

Ich vertiefte meine Erfahrung und mein Wissen über die heilsame Wirkung von Bewegung und Tanz an der Musischen Akademie Remscheid im Modul: „Kreative Bewegungs- und Körpertherapie". In diesem Zusammenhang lernte ich über Ursula Schorn, Gestalttherapeutin, Halprin Practitioner und ehemalige Assistentin Anna Halprins bei Sommerkursen am Esalen Institute, den Life/Art-Process nach Anna Halprin kennen.

Über mehrere Jahre ging ich mit Ursula durch intensive Erfahrungsprozesse mit Bewegen, Malen und Schreiben. Dies beeinflusste sowohl meinen persönlichen Heil- und Wachstumsprozess als auch meine heilsame und schöpferische Tanzarbeit mit Gruppen und Einzelpersonen.

Meine Erfahrungen, die ich in der Life/Art-Process-Arbeit gemacht habe, kommen in einem Zitat von Anna Halprin treffend zum Ausdruck: „Bewegung birgt die Möglichkeit, uns in das Heim der Seele zu befördern, in die Welt in unserem Inneren, für die wir keinen Namen haben. Bewegung erreicht unsere tiefste Natur, und Tanz bringt dieses auf kreative Weise zum Ausdruck. Durch Tanz können wir neue Einsichten in das Mysterium unseres inneren Lebens gewinnen. Wenn Tanz aus unserem Inneren kommt und vom Wunsch nach persönlicher Veränderung getragen wird, verfügt er über die tiefgründige Macht, Körper, Seele und Geist zu heilen."[5]

Mit meiner Sehnsucht nach Leben wagte ich einen neuen Aufbruch. Im Herbst 2008 wurde ich auf die European Graduated School (EGS) in der Schweiz und auf das Studium der Expressive Arts aufmerksam. Die Einführungsveranstaltung im März 2009 fühlte sich für mich an wie „nach Hause kommen". Mich berührte die spürbare

5_ Halprin, Anna (2000): Tanz, Ausdruck und Heilung. Vorsatzblatt

Vorworte

Wertschätzung von Prof. Margo Fuchs Knill und Prof. Paolo Knill allen Teilnehmerinnen und allen künstlerischen Werken gegenüber, die in diesen Tagen der Einführung geboren wurden. Ihre achtsame und professionelle Art des Führens und Vermittelns überzeugten mich.

Im Sommer 2009 begann ich mit dem Studium der Expressive Arts. Es war für mich im wahrsten Sinne des Wortes ein „mich auf den Weg machen". Eine Reise von ca. acht Stunden, von Augsburg, Deutschland nach Saas Fee, Schweiz. Ich habe sie inzwischen oft gemacht. Sie hat für mich symbolischen Charakter bekommen. Nach vielen Jahren Berufserfahrung machte ich mich erneut auf den Weg, Neues zu entdecken, Neues aufzunehmen, andere Perspektiven einzunehmen, bisherige Erfahrungen zu reflektieren und mich auf Veränderungsprozesse einzulassen. Die Haltung und Arbeit als Coach unterscheidet sich wesentlich von meiner bisherigen Arbeit als Pädagogin, Tanzpädagogin und Choreografin. Ich war motiviert, meine künstlerischen Fähigkeiten auf dem Gebiet der Expressive Arts zu erweitern und zu vertiefen, meinen Heilungsweg weiterzugehen und Professionalität als Coach zu erwerben.

Mein Forschungsinteresse und die Herausforderungen, dieses Buch zu schreiben, gaben mir die Chance, den künstlerischen Prozess des Choreografie-Projektes *Ungestalt* aus einem gewissen Abstand und der Perspektive der EXA wahrzunehmen, ihre Wirkungen in meinem Arbeitsbereich zu erforschen und zu beschreiben.

Ich war motiviert, die Methode des Intermodalen Dezentrierens, im folgenden als IDEC® abgekürzt, im Choreografie-Projekt *Ungestalt* anzuwenden. Im Rückblick auf das künstlerische Projekt ist mein Fokus auf die Dezentrierungsphase mit der Gestaltwerdung der Soli gerichtet. Was waren bedeutsame Schritte im künstlerischen Prozess? Was war für jede Tänzerin in der Entwicklung ihres Solos hilfreich und unterstützend? Gab es Überraschungen? Konnten die Tänzerinnen Erfahrungen machen, die in ihren Alltag hineinwirkten?

Ich bin mir bewusst, dass dieses Vorhaben, Wesentliches zu dokumentieren, auch meinen Mut zur Selektion und Reduktion herausfordert, ansonsten würden die Ausführungen den Rahmen dieses Buches sprengen.

Vorworte

Im Schreiben erlebte ich eine **Parallele zwischen dem Entstehungsprozess des künstlerischen Werkes und der Entstehung dieses Buches.** Eine Gestalt entwickelt sich, formt sich, bewegt sich und ist dem Wandel ausgesetzt. Sie verändert sich im Fluss des Lebens, für die Gestalt der Masterarbeit, aus der sich das Buch herauskristallisierte.

Ich folgte meiner Fragestellung, meiner Forschungsmotivation und meiner Intuition. Eine neue unverwechselbare einmalige Gestalt entfaltete sich im Fluss des Schreibprozesses.

Vorworte

Wie die Ungestalt in meine Handtasche kam

Kurz entschlossen strich ich den Ballettabend im Stadttheater Augsburg aus meinem Terminkalender. Er war für diese Woche mit mehreren Abendterminen einfach zu viel. Dafür kam er in Form eines kleinen quadratischen Programmheftes zu mir. Eine meiner Kursteilnehmerinnen, die den Ballettabend besucht hatte, brachte es mir als Dokument mit. Es landete zunächst in meiner Handtasche. Da begleitete es mich. Bei verschiedensten Gelegenheiten nahm ich es zur Hand, blätterte darin und steckte es wieder ein. Auf meiner langen Zugfahrt nach Saas Fee im Sommer 2009 blieb mein Blick immer wieder auf der gleichen Seite und auf den gleichen Zeilen haften: *Ungestalt* - ein Gedicht von Rose Ausländer. Es zog meine Aufmerksamkeit magisch an.

Ich stand vor meinem Bücherregal und ließ meinen Blick über die Buchrücken gleiten. Ich suchte nach einem schmalen weißen Taschenbuchrücken. Ich wusste, dass ich den Gedichtband besaß. Da war er: *Im Atemhaus wohnen.* Ich blätterte im Inhaltsverzeichnis. Tatsächlich fand ich den Titel *Ungestalt.* Ich las das Gedicht erneut, diesmal in meinem Buch. Was war es, was mich berührte und was aus den Worten zu mir herübersprang? Die bildhafte Sprache, die Selbstverständlichkeit der Worte, die alltägliche Erfahrung auf den Kopf stellt?

Ich denke in Bewegung und in Bildern. Vor meinem inneren Auge sah ich, wie jede Frau meiner *tanzwerkstatt-compagnie* ihr persönliches Solo tanzt, Worte spricht, Monologe führt, und alle agieren gleichzeitig. Die Idee lässt mich nicht mehr los. Mein Entschluss reift. Ich werde mit meinen Tänzerinnen ein Stück entwickeln, das sich über Tanz und Sprache vermittelt. Aus *Ungestalt* werden sich individuelle Soli-Werke und weiterführend die Gestalt einer Choreografie formen.

Ungestalt

Alle Gestalten
kommen
aus der Ungestalt

Ihre Wurzeln
sind aus Luft

In ihr verwurzelt
atmen
alle Gestalten
luftigen
Zusammenhang

Rose Ausländer[6]

6_ Ausländer, Rose (1992):
Im Atemhaus wohnen. Gedichte. S. 112

Einführung

Dieses Buch entstand aus meiner Masterarbeit, mit der ich mein Studium der Expressive Arts an der European Graduated School EGS 2012 abgeschlossen habe. Ich schrieb sie aus meiner Erfahrung als Tanzpädagogin, Künstlerin, Pädagogin und Coach. Besonders möchte ich Leserinnen und Leser ansprechen, die professionell in pädagogischen, künstlerischen und heilenden Berufen tätig sind und richte mich an alle Interessierten, die sich in das Thema „Tanz und Expressive Arts" hineinlesen wollen.

Die Ausführungen geben Informationen und praktische Anregungen zur Arbeit mit Expressive Arts innerhalb eines künstlerischen/pädagogischen Arbeitsbereiches. Der Begriff „Tanz" bezieht sich in diesem Buch speziell auf Tanzimprovisation und Zeitgenössischen Tanz.

Die im künstlerischen Prozess entstandene Choreografie wurde bei der Präsentation im abraxas Theater in Augsburg im März 2011 aufgezeichnet. Für die Masterarbeit wurde ein Mitschnitt und eine künstlerische Bearbeitung der Originalaufnahme auf DVD erstellt. Bei Interesse nehmen Sie Kontakt mit mir auf.

Diese Dokumentation möchte Appetit machen auf eigenes Erleben der Expressive Arts und zur Arbeit mit Expressive Arts motivieren, in dem Sinne wie Barbara K., eine Teilnehmerin am Choreografie-Projekt es wunderbar formulierte: „Das ist, wie wenn Du einen Bissen von etwas genommen hast und bemerkst, dass da etwas bleibt, von diesem Geschmack. Da tun sich Wunder auf, ja es ist unglaublich. Ich war frei von der Vorstellung, wie das Resultat aussehen soll, ich habe einen tiefen Zugang zu mir selbst und meinem Lebensweg bekommen. Er ist bunter geworden, das Leben hat mehr Geschmack und bessere Qualität bekommen. Ich merke, dass ich mehr Farben sehe, oder ich nehme plötzlich Menschen bewusster wahr, dabei bin ich nur meiner inneren leisen Stimme gefolgt und habe am Projekt teilgenommen."[7]

Das erste Kapitel definiert die für das Thema zentralen Begriffe: Choreografie, Tanz, speziell die geschichtliche Entwicklung der Tanzimprovisation und des Zeitgenössischen Tanzes. Weiter den Begriff „Expressive Arts", die Methode IDEC® und die damit in Verbindung stehenden charakteristischen Leitbegriffe. Es befasst sich mit der philosophischen Frage: Was ist unter „Ungestalt" bzw. „Gestalt" zu verstehen? Auf dieser theoretischen Grundlage stellt dieses Kapitel konkrete Bezüge zum Kontext des Choreografie-Projektes *Ungestalt* her.

7_ Neuner, Ursula Anna (2010): Ästhetisches Analyse-Interview mit Barbara K., Augsburg, Sept. 2011

Einführung

Das zweite Kapitel beschreibt die Phase der Dezentrierung. Es dokumentiert bedeutsame Schritte in der Anwendung IDEC® und die Modifikation der Methode, die durch den Kontext des Projektes bestimmt war. In der Reflexion und Nachbereitung der aufgezeichneten ästhetischen Analyse-Interviews kristallisierten sich Antworten auf die Fragen heraus: Was war im künstlerischen Entstehungsprozess des Solo-Werkes hilfreich? Was war überraschend? Was braucht das Werk noch für die Bühnenpräsentation?

Das dritte Kapitel würdigt und dokumentiert die Gestalt gewordenen Soli und die nachhaltigen, persönlichen Erfahrungen der Tänzerinnen. Sie kommen in Sprache und künstlerischer Fotografie zum Ausdruck. Jedes Solo-Werk bekommt eine ästhetische Antwort in poetischer Sprache.

Das vierte Kapitel gibt das Feedback der Öffentlichkeit wieder. Unter Öffentlichkeit sind hier Besucherinnen und Besucher der Performance zu verstehen und die Presse.

Das fünfte Kapitel zieht ein Fazit aus der Anwendung der EXA im künstlerischen Projekt *Ungestalt* und fasst die Erfahrungen der Tänzerinnen in aussagekräftigen Statements zusammen. Gegenwart verbindet sich mit Tanzgeschichte. Dieses Ergebnis eröffnet einen Ausblick und eine persönliche Vision.

Kapitel 1

Zum Verständnis zentraler Begriffe

Der Begriff Choreografie

Die Durchführung des Choreografie-Projekts bestätigte es: künstlerisches Tätigsein führt zur Entstehung eines Werkes. Es formte sich ein Kunstwerk, das sichtbar, hörbar und fühlbar war. Was bedeutet dieser Begriff? Wie wird er definiert? Was ist unter „Choreografie-Projekt *Ungestalt*" zu verstehen?

Ursprung des Begriffes

Das Wort „Choreografie" wird aus den beiden griechischen Worten „choros" und „graphein" gebildet. Zu Beginn des 18. Jahrhunderts bedeutete „choros" „Tanzplatz", „Tanzen", „Tanzschar" und „graphein" „schreiben", also zusammengesetzt das schriftliche Fixieren von Tanzschritten – die Tanzschrift. Im Laufe der Zeit wandelte sich der Begriff und bezeichnete später die Komposition der Tanzschritte.[8]
Heute kann dieser Begriff im weiten Sinne „… auch als die gesamte Kunst der tänzerischen Komposition verstanden werden, bei der eine Idee mit den Mitteln von Bewegung, Licht, Bühnenbild, Kostüm und Musik in eine tänzerische Form gebracht wird."[9]

Der Gebrauch des Wortes „Choreografie" weist also darauf hin, dass die Kunst der Bewegung, die Kunst des Tanzes im Mittelpunkt steht. Die moderne Präsentation eines Werkes ist meist eine intermediale Verknüpfung von Tanz, Musik, Kostüm, Requisit, Lichttechnik, usw. an einem speziellen Ort, z. B. auf einer Bühne.

Begriffsverständnis im intermedialen Zeitalter

Einer der herausragendsten Choreografen unserer Gegenwart, William Forsythe, hat den Tanz am Ende des 20. Jahrhunderts und zu Beginn des 21. Jahrhunderts zu einer zeitgenössischen Kunstform gemacht, die auf der ganzen Welt Begeisterung auslöst. Er scheut in seinen Inszenierungen nicht die Berührung mit den anderen Künsten. „Choreografie ist für ihn eine Form des Denkens, die weit über die Bühne hinausgeht und die Menschen auch in alltäglichen Zusammenhängen erreichen kann - … umgekehrt ist ihm die Bühne ein Experimentierfeld, in dem er mit allen ihm zur Verfügung stehenden Mitteln arbeiten kann, um die Wahrnehmung von dem zu verändern, was Ballett und Tanz ist und sein kann."[10]

8_ Vgl. Lampert, Friederike (2007): Tanzimprovisation. S. 30
9_ Vgl. ebd. S. 30
10_ Siegmund, Gerald (Hg.) (2004): William Forsythe. Denken in Bewegung. S. 10

Kapitel 1

Ein vielbeachteter Choreograf und ehemaliger Tänzer in der Forsythe-Compagnie in Frankfurt, Maurice Causey, sagt: „Wer einmal Forsythe getanzt hat, wird nicht mehr derselbe sein. Die Art, mit den Künstlern zu arbeiten, auch zu improvisieren – eine außergewöhnliche Form im klassischen Ballett – bringt in das Leben von Tänzern völlig neue Impulse."[11]

William Forsythe setzte sich auch immer mit anderen Kunstformen wie Architektur, bildender Kunst oder dem Film auseinander. Der New Yorker kam zunächst als Tänzer nach Europa und war dann Choreograf am Stuttgarter Ballett, wurde 1984 Direktor des Frankfurter Balletts und gründete 2004 seine eigene Compagnie, die Spielstätten in Dresden, Frankfurt und Zürich hat. Er gilt als Revolutionär des klassischen Balletts. „His ballets often involve text, image, innovative lighting, experimental music and sound, and reflect his interest in science, architecture, mathematics, philosophy and literature."[12]

In der Kunst spiegelt sich Gesellschaft und moderner Alltag wider. Prof. Paolo Knill formuliert diese Tatsache folgendermaßen: „Zu den alltäglichen Erfahrungen der Verwischung von Grenzen zwischen den klassischen Kunstdisziplinen und ihren interdisziplinären Vernetzungen gehört auch die intermediale Verknüpfung von Bild, Text, Musik und Bewegung in den heute vorherrschenden visuellen Medien Video und Film."[13]

Bezogen auf die im künstlerischen Projekt entstandene Choreografie *Ungestalt* mit den Stilmitteln Tanzimprovisation und Zeitgenössischer Tanz möchte ich auf Begriffe wie „improvised choreography" und „structural improvisation" hinweisen, die von der Judson Church Gruppe bereits in den 1960er-Jahren geprägt wurden. Sie bezeichnen eine Präsentationsform von Tanz, die sowohl geschlossene, festgelegte Struktur als auch Offenheit im Stückverlauf aufwies.[14]

In den folgenden Abschnitten wird die Bedeutung des Tanzes im Spiegel der Geschichte und die Entwicklung des künstlerischen Tanzes beschrieben. Auf diesem Hintergrund lassen sich die im Projekt verwendeten Stilmittel Tanzimprovisation und Zeitgenössischer Tanz einordnen und in ihren Eigenheiten verstehen.

11_ Müller-Bardorff, Birgit (2012): Aus dem Gleichgewicht. In: Augsburger Allgemeine Zeitung, 22.03.2012, S. 32
12_ Move Choreographing you (2010): Ausstellungskatalog. S. 105
13_ Eberhart, Herbert/ Knill, Paolo J. (2009): Lösungskunst. S. 216
14_ Vgl. Lampert, Friederike (2007): Tanzimprovisation. S. 38 f

Kapitel 1

Tanz als Spiegel von Kultur und Gesellschaft

Tanz als Kulturgut

Soweit man in die Geschichte der Menschheit zurückschaut, kann man feststellen, dass der Tanz in allen Epochen und Kulturen seinen Platz und seine Bedeutung im Leben der Menschen hatte.

Dr. Maria Gabriele Wosien studierte und publizierte zum Thema Tanz und Tanztraditionen. Sie schreibt: „So formuliert der Mensch sich tanzend Antworten auf die äußere Erscheinungswelt, ist aber gleichzeitig auch mit seinem innersten Wesen in Berührung. … Tanzend transzendiert er auch den Zustand des Gespaltenseins, denn solange er tanzt, ist er wieder eins mit sich und der Vielfalt, die ihn umgibt. Dieses Tiefenerlebnis des Ergriffenseins und der Begeisterung ist gleichzeitig eine Ganzheitserfahrung der Einheit allen Lebens. … Der Mensch und das Universum, Mikrokosmos und Makrokosmos, folgen denselben Gesetzen."[15]

Ein weiteres Zitat von Maria Gabriele Wosien beschreibt den Tanz als Medium. Sie sagt darin aus, dass der Tanz den Menschen mit Gott verbindet. Die Aussage steht im Kontext des Themas der Renaissance des sakralen Tanzes im spirituellen, pädagogischen und therapeutischen Bereich. Sie schreibt: „Der Tanz ist das dynamische Bild menschlicher Geschichte. Er berichtet von der Erfahrung, Begeisterung, von zeitloser, erfüllter Gegenwart, die den Menschen mit dem Göttlichen verbindet."[16]

In frühen Kulturen war der Tanz heilig. Der Tänzer war beides, Heiler und Priester. Das kommt in einem interessanten Zitat von Chodorow zum Ausdruck: „In the beginning, dance was the sacred language through which we communed and communicated with the vast unknown. In the earliest times, the dancer was both, healer and priest."[17]

Im Laufe der Geschichte nimmt eine Abstrahierung des Tanzes zu. Er verliert seine Sinnverbindung zur Natur, zum Alltag des Menschen und zur Spiritualität. Damit verlieren die Menschen eine rituelle Form der ganzheitlichen Lebensäußerung, die sie miteinander, mit der Natur und mit Gott verbindet.

15_ Peter-Bolaender, Martina (1992): Tanz und Imagination. S.18
16_ Wosien, Maria-Gabriele (1988): Sakraler Tanz. Der Reigen im Jahreskreis. S. 7
17_ Chodorow, J. (1984) zitiert aus: Peter-Bolaender, Martina (1992): Tanz und Imagination. S. 23

Kapitel 1

Tanzstile des 20./21. Jahrhunderts

Der Zeitgeist einer Epoche lässt sich durch Wahrnehmung und Analyse der vorherrschenden Tanzstile aufspüren. Der Tanz ist somit ein Spiegel der jeweiligen Zeit und ihrer gesellschaftlichen Prägung.[18] Die vorherrschenden künstlerischen Tanzstile im 20. und beginnenden 21. Jahrhundert sind Klassischer Tanz, Moderner Tanz, Tanzimprovisation als eigenständige Bühnenkunst, Zeitgenössischer Tanz und Tanztheater. Ihre spezifischen Stilmerkmale werden nachfolgend beschrieben.

Klassischer Tanz

Norbert Servos beschreibt den klassischen Tanzstil folgendermaßen: „... unbewegliche Mitte bei äußerster Rotation der Extremitäten. Alles dreht sich um ein Zentrum, dessen korsettierte Kontrolle keinen Augenblick nachlassen kann, loslassen darf."[19]
Die strenge Stilisierung der Bewegungen, die vorgegebenen Normen, wie eine klassische Tänzerin bzw. ein Tänzer auszusehen hat, die Kleidervorschriften, ja selbst die Haartracht und das festgelegte Rollenverhalten lassen wenig Spielraum für Individualität, Emotionalität und Sinnlichkeit. Kontrolle und Körperbeherrschung stehen im Mittelpunkt dieses Tanzstiles.

Im modernen Tanz entstand Anfang des 20. Jahrhunderts eine Gegenbewegung zum klassischen Ballett, mit seiner Überbetonung technischer Perfektion, seinem in ein Korsett und Spitzenschuhen gezwängten Körper und den schwebenden Schritten über dem Erdboden. Der moderne Tanz lässt sich in zwei Tanzgenres aufteilen: „den deutschen Ausdruckstanz und den amerikanischen Modern Dance. Beide entstanden etwa zeitgleich in Deutschland und Amerika."[20]

Moderner Tanz

In Amerika stehen Protagonisten wie Isadora Duncan, Martha Graham und fast zeitgleich in Deutschland Rudolf von Laban, Mary Wigman, Gret Palucca - um nur einige Namen zu nennen - für eine revolutionäre Entwicklung in der Geschichte des Tanzes. Sie suchten nach Möglichkeiten, seelischen Ausdruck mit natürlichen Bewegungen im Tanz zu vereinen. Die Bewegung und der Tanz gingen vom Körper aus, nicht vom Kopf. Es ging um individuelle und geistige Freiheiten und um den Vorrang des Individuums vor der Gesellschaft. Wie sich diese revolutionäre Wende im Tanz konkretisierte, wird nachfolgend an zwei Pionierinnen des modernen Tanzes und ihrem Tanzstil aufgezeigt.

18_ Vgl. ebd. S. 93
19_ Servos, Norbert (1985) zitiert aus: ebd. S. 94
20_ Lampert, Friederike (2007): Tanzimprovisation. S. 110

Kapitel 1

21_ Moscovici, Hadassa K. (1989): Vor Freude tanzen, vor Jammer halb in Stücke gehen. S. 7
22_ Vgl. Peter-Bolaender, Martina (1992): Tanz und Imagination. S. 104
23_ Moscovici, Hadassa K. (1989): Vor Freude tanzen, vor Jammer halb in Stücke gehen. S. 9
24_ Vgl. Lampert Friederike (2007): Tanzimprovisation. S. 45 ff
25_ Kaltenbrunner, Thomas (1998): Contact Improvisation. S. 13

Isadora Duncan (1878 – 1927) wird auch Mutter des modernen Tanzes genannt. „Die in San Francisco geborene Isadora Duncan stieg von dem Podest herab, das Frauen in Form von Spitzenschuhen und Absätzen untergeschoben worden war, legte Korsett, Schuhe und Strümpfe ab und begann sich selber und ihre eigene seelische Befindlichkeit tänzerisch zu artikulieren. Sie suchte einen Weg von der Akrobatenkunst des klassischen Balletts zu einer innen geleiteten Bewegung. Mit ihrer Auffassung vom Tanz begründete sie den Anfang der modernen Tanzkunst." [21]

Ihre Inspirationen schöpfte sie aus der Natur und aus einem vergangenen Zeitalter, vor allem aus der griechischen Antike. Die Musik gab ihr die Impulse für ihren Tanz. Deshalb waren ihre Tänze meist nach den ihnen zugrundeliegenden Musikstücken benannt.[22]
„Nacktheit bedeutete für sie die reinste Form der Kunst und der Tanz die aus dem menschlichen Körper erwachte Schönheit."[23]

In Europa und vor allem in Deutschland entstand zeitgleich in den 1920er-Jahren die Ausdruckstanzbewegung. Dazu gehörten Vertreterinnen und Vertreter wie Rudolf von Laban, Mary Wigman, Gret Palucca, Harald Kreuzberg, Dore Hoyer.[24]

„Im Ausdruckstanz spiegelt sich sowohl ein emanzipiertes Körperbewusstsein als auch individuelle und geistige Freiheit in den Grenzen persönlicher und künstlerischer Bedingtheiten. Freie Improvisation wurde als Mittel entdeckt, um Choreografien zu entwickeln. Der Tanz ging vom Körper und nicht vom Kopf aus. Die Bewegungen sollten dabei im Einklang mit anatomischen Gegebenheiten stehen."[25]

Mit den Aufführungen **Mary Wigmans (1886 – 1973)** gelang dieser expressionistischen Tanzform in Deutschland der Durchbruch. Ihr Tanz war subjektives, ganz persönliches Erleben. Das Prinzip ihrer Pädagogik war die Bewusstwerdung des Körpers in seiner Beziehung zum Raum. Sie lehrte keine „Technik", kein „System", keinen einheitlichen „Stil". Sie vermittelte Voraussetzungen. Der Atem ist der alles bestimmende Rhythmus, Spannung und Entspannung, Kraft und Stille des Körpers. In der Polarität des Atmens, in der notwendigen Verbindung von Gegensätzen zu einer Ganzheit liegt die Erfahrung der menschlichen Existenz überhaupt.
Sie tanzte barfuß, ihr erster Solotanz war der berühmte *Hexentanz I*, uraufgeführt 1914. Sie tanzte ihn ohne Musik. „Bald konnte sie das Publikum davon überzeugen, dass der

Tanz eine eigenständige Kunstform darstellt, gleichwertig mit der Musik oder Malerei."[26] Tanz war für Mary Wigman das Erleben einer nicht-materiellen Wirklichkeit, die Erfahrung, dass sich geistiges und psychisches Erleben aus dem Unbewusstsein Bahn bricht und im tanzenden Körper zur Form wird: „Dort wo das Wissen um die Dinge aufhört, wo nur das Erlebnis Gesetz ist, dort beginnt der Tanz."[27]

„Das Streben nach Selbst-Verwirklichung im und durch Tanz wurde auch Wigmans pädagogisches Ziel in ihrer pädagogischen Arbeit mit Schülerinnen und Schülern."[28] Der deutsche Ausdruckstanz ist mit dem Namen Mary Wigman und ihrem Lehrer Rudolf von Laban verbunden.

Rudolf von Laban (1879 – 1958) war Tänzer, Choreograf und Pionier der modernen Bewegungsforschung. Er eröffnete der Tanzkunst und dem Verständnis menschlicher Bewegung völlig neue Wege. In den 1920er-Jahren gründete er seine eigene Tanzbühne und Kammertanzgruppe sowie in verschiedenen Ländern Europas Schulen und Bewegungschöre für Laien. Laban war Ballettdirektor an der Berliner Staatsoper. Er erforschte die physiologischen und psychologischen Gesetze menschlicher Bewegung. Er legte das Fundament zu wissenschaftlicher Bewegungsbeobachtung und –analyse, auf die sich Tanzpädagogen, Tanztherapeuten und Anthropologen beziehen. Er ist Begründer der Kinetographie Laban (Labannotation), einer universalen Tanz- und Bewegungsschrift, die das Aufzeichnen aller Bewegungsabläufe ermöglicht und in der ganzen Welt von Fachleuten verwendet wird.[29]

Modern Dance und Postmoderner Tanz

Die Praxis der Tanzimprovisation und die tänzerische Forschungsarbeit der Pionierinnen wurde bedeutsam, da sich daraus das Vokabular des Modern Dance entwickelte und später die Tanzimprovisation als eigenständige Bühnenkunst. Ab den 1930er-Jahren begründeten sich normierte Tanztechniken. Die bekanntesten sind benannt nach, z. B. Martha Graham, die Graham-Technik, mit ihrem Merkmal von Kontraktion (contraction) und Entspannung (release). Die Graham-Technik fordert von der Tänzerin/dem Tänzer immense Körperkontrolle. Ein weiteres Beispiel: die Limon-Technik. Besonderer Fokus liegt auf dem An- und Abschwellen des Atems, der sich auf die Bewegung auswirkt. José Limon erforschte, wie auch schon Doris Humphrey, den Umgang mit dem Gewicht des Körpers. Er beschäftigte sich mit Fallen und Sich-Wieder-Fangen, zum Boden fallen und sich mit Schwung wieder aufrichten.[30]

Kapitel 1

26_ Peter-Bolaender, Martina (1992): Tanz und Imagination. S. 105
27_ Müller, Hedwig/ Stöckemann Patricia (1993): „... jeder Mensch ist ein Tänzer." S. 34
28_ Peter-Bolaender, Martina (1992): Tanz und Imagination. S. 122
29_ Vgl. Laban, Rudolf von (1988): Der moderne Ausdruckstanz. Umschlagrückseite
30_ Vgl. Kaltenbrunner, Thomas (1998): Contact Improvisation. S. 14

Kapitel 1

31_ Ebd. S. 18 f
32_ Schorn, Ursula (1986): Anna Halprins "Life-Art-Process". In: Zeitschrift tanzen, Nr. 4, S.13
33_ Vgl. Schorn, Ursula (2000) Anna Halprins "Life-Art-Process". In: Klein, Gabriele, Jahrbuch Tanzforschung, Nr. 10, S. 257
34_ Vgl. Schorn, Ursula (1986): Anna Halprins "Life-Art-Process". Zeitschrift tanzen Nr. 4, S.13.

Der Postmoderne Tanz beginnt sich in den 1950/60er-Jahren vom inzwischen erstarrten Modern Dance zu befreien. Bedeutende Vertreter sind in Amerika Merce Cunningham, Anna Halprin und das Judson Church Dance Theatre.

Bewegung und Tanz wurden radikal und neu definiert. Es fand eine Abkehr von trainierbaren Tanztechniken statt, eine Vermischung von Techniken und auch der Versuch, sich jenseits bisheriger Techniken zu bewegen. Vertreterinnen sind z. B. Lucinda Childs und Trisha Brown. Bei ihnen stehen Alltagsbewegungen wie Gehen, Laufen, Fallen und Liegen im Vordergrund.

Daraus entwickelten sich wieder neue Techniken und es entstand die Contact Improvisation und der New Dance. Diese Tanztechnik orientiert sich an minimalem Kraftaufwand und definiert sich über Erspüren und Erkennen von Bewegungszusammenhängen, das durch Körperarbeit gefördert wird, z. B. Alexander-Technik, Feldenkrais, Release, Body-Mind-Centering. „Wichtigste dem New Dance zugrundeliegende Idee ist, dass jeder Mensch einzigartig in seinem Bewegungspotenzial ist und die Quellen für die Bewegungen im eigenen Körper liegen."[31]

Tanzimprovisation als eigenständige Kunstform

Anna Halprin (geb. 1920) erhob die Tanzimprovisation zu einer eigenständigen, gleichwertigen Kunstform. Der kreative, nicht wertende Prozess steht in ihrer Arbeit im Mittelpunkt. Ihr Ziel ist es, die Natur des Tanzes zu verstehen und die natürliche, authentische Tänzerin zu entwickeln. Sie beschreibt Tanz als „Kunst, die emotionale Kraft in Bewegung zum Ausdruck zu bringen."[32]

Kunst kann man nicht vom Leben trennen - sie ist die Essenz des Lebens. Der Dreh- und Angelpunkt aller Kunst ist die emotionale Kraft (emotional value), nicht die Realität (fact). Sie entwickelt ihre Methode des „Life-Art-Process". Von dieser intermedialen Methode gingen und gehen weiterhin Impulse und Einflüsse auf die Entwicklung des Tanzes und die Tanztherapie unserer heutigen Zeit aus. Anna Halprins Anliegen ist, den Tanz unmittelbar an die persönliche und kollektive Lebenserfahrung anzubinden. Ihr Zugang zum Tanz befindet sich im Grenzbereich von künstlerischer, pädagogischer und therapeutischer Arbeit. Sie selbst betrachtet sich dabei immer als Künstlerin. Ihre Intention ist, die Spaltung zwischen heilender und künstlerischer Arbeit aufzuheben.[33]

Dahinter steht ihre Überzeugung, dass die Kunst Impulse in das alltägliche Leben gibt und das Leben Impulse in die Kunst gibt.[34]

Kapitel 1

In Anna Halprins Sichtweise „dance is not reserved exclusively for trained professionals, but is an expression of the basic forces within us all."[35]

Anna Halprin ging mit ihrer Art zu tanzen hinaus aus dem Theater, näher zum Publikum. Sie brachte Alltagsbewegungen in den Tanz. Aus ihrem Verständnis von Tanz ist er nicht exklusiv für Professionelle, er ist ein Ausdruck von Basiskräften, die wir alle in uns haben.[36] In der weiteren Entwicklung der Tanzimprovisation als eigenständiger Bühnenkunst waren die Tänzerinnen Trisha Brown und Simone Forti bedeutsam. Sie waren vom Postmodernen Tanz geprägt und inspiriert durch die Arbeitsweise von Anna Halprin.

Zeitgenössischer Tanz

Zeitgenössischen Tanz oder auch Contemporary Dance kann man auf die Zeit ab 1980 bis heute datieren. Es sind seit dieser Zeit sehr viele künstlerische Mischformen entstanden. Für diese Entwicklung steht folgendes Beispiel:

Die Ballettfestwoche 2011 im Münchner Nationaltheater endete mit einem ungewöhnlichen Gastspiel: BABEL (Worte) von Sidi Larbi Cherkaoui, der mit seinem Team zur jüngsten Choreografengeneration gehört. „Er kennt keine Stil- und keine Genregrenzen an, begreift alles um sich herum als formbares Material, um daraus gleichzeitig kreativ und analytisch ein neues Bild unserer Zeit zu zeichnen."[37]

Sidi Larbi Cherkaoui kommt nicht aus der klassischen, nicht einmal aus der Modern Dance-Tradition. Er machte seine Ausbildung im Zeitgenössischen Tanz in Brüssel, an der berühmten, von der Choreografin Anne Teresa De Keersmaker gegründeten Schule „P.A.R.T.S.". Dort kam er mit den Choreografien der großen Meisterin Pina Bausch und dem Choreografen William Forsythe in Berührung. Der heute 35-jährige Sidi Larbi Cherkaoui ist aufgrund seiner visionären Werke mit seinem Ensemble Eastmen von 18 Tänzern aus 13 Nationen bereits zum international gefeierten Choreografen und Star des modernen Tanztheaters aufgestiegen.

Es ist sehr schwer, die Vielzahl der gleichzeitig existierenden Tanzstile auf einen Überbegriff zu fixieren. Der Begriff „Zeitgenössischer Tanz" ist so etwas wie ein Hybrid. Der Moderne Tanz hatte Einfluss auf artverwandte Kunstrichtungen im 20./21. Jahrhundert und ist mit ihnen eine Verbindung eingegangen. Das zeigen Bezeichnungen wie: Modern Dance, Modern Jazz Dance, New Dance, Tanztheater, Performance Art, Körpertheater.

35_ Molloy, N. (2010): Anna Halprin. In: Ausstellungskatalog Move. Choreographing you. S. 51
36_ Vgl. ebd. S. 51
37_ Bayerisches Staatsballett (Hg.) (2010): Programmheft Ballettfestwoche 2011, Babel (Worte) München, S. 72

Kapitel 1

38_ Vgl. Weber, Lilo (2009): Eine große Bühnenkünstlerin unserer Zeit. Überraschender Tod der Choreografin Pina Pausch. In: Neue Zürcher Zeitung. 30.06.2009. http://www.nzz.ch/nachrichten/kultur/aktuell/pina_bausch_choreografin_gestorben_1.2861027.html

39_ Vgl. Fischer, Eva-Elisabeth (2009): Zum Tod von Pina Bausch. In: ballett-tanz, Aug/Sept. S. 8 f

40_ Ebd. S. 9

Tanztheater

Der Begriff „Tanztheater" ist gleichbedeutend mit dem Namen Pina Bausch (1940 - 2009). Sie ist eine weltberühmte Persönlichkeit der Tanz- und Theaterszene, die mit allen bedeutenden Auszeichnungen bedacht wurde, welche die Tanz- und Kulturwelt zur Verfügung hat. Sie war eine deutsche Tänzerin und Choreografin, die mit ihrem Tanztheater Wuppertal internationalen Ruhm erlangte. Das vielfach zitierte Credo von Pina Bausch, sie sei weniger daran interessiert, wie die Menschen sich bewegten, als daran, was sie bewegt, zog sich durch ihr gesamtes Werk.[38]

Sie interessierte sich für das, was aus dem Innersten kam. Sie pflegte ihren Tänzerinnen und Tänzern Fragen zu stellen und erbat Antworten in Gesten, Text und Tanz. Sie montierte die Ergebnisse zu Szenen, die wie eine Art Collage wirkten: Begebenheiten, Begegnungen, alles scheinbar zufällig. Pina Bausch brachte Emotion und Expression auf die Bühne. Die Mitglieder des Tanztheaters Wuppertal begannen auf der Bühne zu sprechen, zu singen, zu schreien.[39]

Damit hob sie das herkömmliche Rollenspiel des Theaters auf, denn in ihren Stücken behielten die Künstler auf der Bühne ihre realen Namen und artikulierten ihre persönlichen Geschichten. In ihren Tanztheaterstücken stellte sie eine Verbindung von Tanz, Text, Gesang und Schauspiel her.

„Die szenische Wiederholung, die Beschleunigung, das Umkippen von der harmlosen Neckerei zur Folter wurde zum dramaturgischen Prinzip. Pina Bauschs Tänzer bezogen das Publikum mit ein, sprachen es an, servierten Kekse oder Tee. Wenn eine Schutz suchte, setzte sie sich, ein Kissen vor den Bauch gepresst, einem Zuschauer auf den Schoß und fragte ihn: Darf ich bei dir schlafen?"[40]

Sie revolutionierte die Tanz- und Theaterwelt, indem sie den Alltag auf die Bühne brachte mit den immerwährenden Gefühlen und Konstanten unserer menschlichen Existenz: Sehnsucht nach Liebe, Trauer, Hass, Angst. Sie brach Tabus, indem sie auch vor Themen wie Altern und Sterben nicht Halt machte. Schon 1978, als 38-jährige Choreografin, schuf sie das legendäre Anti-Jugendkult-Stück *Kontakthof*.

„Pina Bausch, die Erfinderin des German Tanztheater, war keine brachiale Formzertrümmerin, sie rettete das Poetische über den Tod des romantischen Handlungsballetts hinweg. Ihre Popularität erlangte sie anders als andere Tanzrevolutionäre, nicht durch Provokation oder Dekonstruktion, sondern durch ihr Beharren auf Schönheit."[41]

Expressive Arts
Begriffsdefinition

In diesem Buch wende ich den Begriff der EXA in dem Sinne an, wie er im Studium am internationalen universitären Institut „European Graduate School" (EGS) in Saas Fee, Wallis (Schweiz) gelehrt und praktiziert wird: „Die intermodalen Kunst- und ausdrucksorientierten Methoden in allen Studienrichtungen haben sich aus der amerikanischen `Expressive Arts Therapie` und `Arts in Learning` weiterentwickelt. Unter `intermodal` wird dabei die Verknüpfung von Sinneswahrnehmungen verstanden, wie sie durch die Integration verschiedener Kunstdisziplinen zustande kommt. Theorie und Praxis dieses interdisziplinären (fachübergreifenden) Konzepts basieren auf Forschungen, die seit mehr als 30 Jahren am Institut für Polyästhetik Salzburg (Österreich), der Lesley University in Cambridge (USA) und an der European Graduate School EGS (Schweiz) geleistet werden. Prof. Dr. Paolo J. Knill, Gründer und heute wissenschaftlicher Berater, hat dieses Konzept wesentlich geprägt und weit über die USA hinaus bekannt gemacht."[42]

„Unterdessen sind aus den Anfängen heraus unterschiedliche Ausprägungen in verschiedenen Arbeitsfeldern entstanden. Sie sind in der englischsprachigen Literatur als „Expressive Arts" (EXA) in Consulting, Counselling, Psychotherapie, Supervision und Coaching zusammengefasst und in Verbänden organisiert. Im Deutschen finden wir für „Expressive Arts" (EXA) auch den Begriff „kunst- und ausdrucksorientierte Psychotherapie, Bildung, Beratung und Therapie"[43].

Folgend wird der Begriff des Dezentrierens nach Prof. Paolo Knill und Herbert Eberhart folgendermaßen definiert: „Wird künstlerisches Tun innerhalb einer Beratungs- oder Therapiesequenz als Episode eingesetzt und in einer bestimmten Art in den Gesamtablauf einer Sitzung einbezogen, so nennen wir das eine Dezentrierung. Diese Bezeichnung steht für die zeitlich begrenzte Distanzierung von dem im Zentrum stehenden Anliegen (de-zentrieren) und – bei dem hier beschriebenen Vorgehen – die Zuwendung zu einem künstlerisch-spielerischen Tun. Das Verfahren ist unter dem Titel „Intermodales Dezentrieren IDEC®" registriert worden. Das Adjektiv „intermodal" weist darauf hin, dass verschiedene künstlerische Medien zur Anwendung kommen und etwas mittels mehrerer Disziplinen angereichert und vertieft werden kann."[44]

Kapitel 1

41_ *Finger, Evelyn (2009): Nachruf Pina Bausch. In: DIE ZEIT. http://www.zeit.de/2009/28*
42_ *European Graduate School EGS (2012): Graduate and Postgraduate Program. S. 20*
43_ *Eberhart, Herbert/Knill, Paolo J. (2009): Lösungskunst. S. 211*
44_ *Ebd. S. 13*

Kapitel 1

Entstehung der Methode und ihre Anwendungsfelder

In jahrzehntelanger Zusammenarbeit und anhaltendem Diskurs zwischen Prof. Paolo Knill, der sich im werkorientierten Arbeiten an die künstlerische Terminologie des jeweiligen Mediums anlehnt, und Herbert Eberhart, der sich in der Lösungsorientierung auf linguistische Theorien und psychologische Modelle bezieht, haben die beiden Spezialisten etwas Neues entwickelt, die Methode des IDEC®.[45]

So treffen im Konzept der EXA verschiedene Welten zusammen: die philosophische Tradition der Phänomenologie und die künstlerische Terminologie des jeweiligen Mediums in der Werkorientierung, die linguistischen Theorien und die Humanistische Psychologie in der Lösungsorientierung. Sie entwickeln in der Zusammenarbeit positive Synergien. In der Praxis der EXA wie sie hier beschrieben wird, stehen der Prozess des künstlerischen Tuns und das entstandene Werk im Mittelpunkt.[46]

Anwendung finden die EXA und die Methode des IDEC® in einem breiten Spektrum unterschiedlichster Berufsfelder, z. B. Gesundheit und Therapie, Supervision und Coaching, in künstlerischen, pädagogischen und sozialpädagogischen Bereichen. Im jeweiligen praktischen Setting geschieht die Arbeit mit Einzelpersonen, Gruppen oder Teams.

Dieses Buch beschreibt die Anwendung der EXA im künstlerischen Setting meiner Choreografie-Werkstatt und da speziell im Choreografie-Projekt Ungestalt. Der spezifische Kontext der Anwendung wird am Ende dieses ersten Kapitels theoretisch dargelegt.

Poiesis als Basis für das Menschenbild

Mit „Poiesis" bezeichnet die griechische Philosophie, insbesondere bei Platon und Aristoteles, eine Tätigkeit, die in der Herstellung von Werken besteht, deren Ziel und Zweck sowohl ein technisches wie auch künstlerisches Werk ist. Damit unterscheidet es sich von der Praxis, deren Ziel und Zweck im Vollzug der Handlung liegt. Für Platon ist Poiesis „alles, was Ursache für etwas ist, vom Nichtsein ins Sein überzugehen."[47]

In Anlehnung an Aristoteles wird der Poiesis-Begriff im Rahmen seiner Naturphilosophie als „natura naturans", „schaffende Natur" aufgefasst und damit zum Paradigma aller Poiesis. Die eigentliche Künstlerin ist die Natur.[48]

Das griechische „Poiesis" bezieht sich ausdrücklich auf Kunst-Machen. Das Wort bedeutet aber auch ganz allgemein jede Aktiviät, die etwas Neues in die Welt hineinbringt.

45_ Vgl. ebd. S. 20
46_ Vgl. ebd. S. 28
47_ Mittelstraß, Jürgen (Hg.) (1995): Enzyklopädie Philosophie Bd. III. S. 28
48_ Vgl. ebd. S. 28

Kapitel 1

„Poiesis" ist die Mitte menschlicher Existenz – das Menschenbild, das in den EXA zum Tragen kommt.[49] Im Griechischen hat „Poiesis" die gleiche Bedeutung wie das Wort „art" im Englischen, welches beides bezeichnet, eine Kunstgattung und die künstlerische Tätigkeit.[50]

Das Verständnis des künstlerischen Prozesses in der Anwendung der EXA gründet in der Philosophie von Martin Heidegger (1889 – 1976). In seinen Spätschriften versteht sich „Dasein" primär durch eine Summe von Werken. Menschliche Existenz benötigt als Grundlage die Fähigkeit, dem, was sich zeigt (gegeben ist), in einer Form Ausdruck zu verleihen. Eine Art, die Welt und Selbst formt. „Das Wesen der Kunst, worin das Kunstwerk und der Künstler zumal beruhen, ist das „Sich-ins-Werk-Setzen der Wahrheit". Mit Wahrheit ist hier die im Werk und im Schaffen erlebbare Wirklichkeit angesprochen. Eine Wirklichkeit, die zwar in den Bereich der Imagination gehört, jedoch im Wachzustand bezeugbar ist und dinglich-wirklich erscheint."[51]

Nach Prof. Paolo Knill liegt in der Anwendung der EXA der „Schwerpunkt in der künstlerischen Tradition, welche alle Künste gemeinsam haben"[52]. „Die Kunsttradition, welche die wichtigsten Grundlagen für die Disziplin der Intermodalen Ausdruckstherapie liefert, wurzelt in der menschlichen Imagination und ist charakterisiert durch eine Verbundenheit der Künste untereinander. Es ist dieselbe Tradition, in der Opernregisseure, Choreografen, Filmemacher, Theater- und Performancekünstler praktizieren und Meisterschaft erringen müssen"[53].

Charakteristische Leitbegriffe

Im Folgenden werden einige charakteristische Leitbegriffe, welche in der Anwendung der Methode des IDEC® wesentlich sind, definiert und erläutert. Weitere Begriffe kommen im zweiten Kapitel, das die praktische Umsetzung der Methode im künstlerischen Prozess beschreibt, zur Sprache. Sie erscheinen im Text fettgedruckt.

Intermedialer Transfer bezeichnet den „Wechsel von einem gestalterisch-künstlerischen Medium in ein anderes bzw. die Anreicherung durch zusätzliche künstlerische Ausdrucksarten (Musik zu einem Gedicht) innerhalb desselben Mediums"[54].

Im außerordentlichen Kontext der Dezentrierung und in meinem Rollenverständnis als Coach leitete mich eine **Haltung der Achtsamkeit und Wertschätzung.**

49_ Vgl. Knill, Paolo J., Levine, E. G., Levine S. K. (2010): Principles and Practice of Expressive Arts Therapie. S. 31
50_ Vgl. ebd. S. 31
51_ Ebd. S. 28
52_ Knill, Paolo J. (2005): Kunstorientiertes Handeln in der Begleitung von Veränderungsprozessen S. 14
53_ Ebd. S. 14
54_ Vgl. Eberhart, Herbert/ Knill Paolo J. (2009): Lösungskunst. S. 221

Kapitel 1

55_ Vgl. ebd. S. 27
56_ Knill, Paolo J. (2005): Kunstorientiertes Handeln in der Begleitung von Veränderungsprozessen. S. 69
57_ Eberhart, Herbert/ Knill, Paolo J. (2009): Lösungskunst. S. 47

Im Projekt galt diese Haltung meinen Tänzerinnen als autonomen Personen, wie auch dem einzigartigen Werk, das sich im Schaffensprozess formte. Ich hatte das Vertrauen, dass jede Tänzerin ihre eigene Expertin in Bezug auf ihre Bewegung und Gestaltung ihres Solos ist. Jede Tänzerin ist Spezialistin für ihr Thema und weiß, wann ihr Werk vollendet ist. Die Wertschätzung wurde begleitet von Präsenz und wohlwollender Neugier allem gegenüber, was Gestalt annahm.[55]

Low skill – high sensitivity – „Low skill betont den bewussten Verzicht auf technisch anspruchsvolle Aufgabenstellungen und Verfahren. Demgegenüber steht ein hoher Grad an Sensibilität in Bezug auf den Umgang mit Form, Farbe, Material, Bewegung, Zeit, Raum, Ausdruck etc. sowie Sensibilität bezüglich einer sorgfältigen Reflexion des Gestaltungsprozesses."[56]

Choreografie-Projekt *Ungestalt* – Bewegung im interdisziplinären Raum

Expressive Arts mit der Methode der Dezentrierung

„Künstlerischer Ausdruck gehört zum Menschen wie die Sprache. Wenn wir auf die Spuren von Menschen treffen, finden wir auch ihre schöpferischen Werke. Sie sind sozusagen die Begleiter jeder Kultur."[57]

Prozess- und Werkorientierung

In der Phase der Dezentrierung arbeitete ich als Coach mit der Gruppe meiner acht Tänzerinnen prozessorientiert. Die Anwendung der Methode des IDEC® bedeutete, mich auf den Entstehungsprozess einzulassen, auf Überraschungen eingestellt zu sein, in einen lebendigen Prozess einzutauchen und mit dem zu gehen, was sich im künstlerischen Tun zeigt. Zum besseren Verständnis, wie die Methode des IDEC® im künstlerischen Projekt *Ungestalt* angewendet wurde, stelle ich einen Vergleich an. Er bezieht sich auf die Anwendung des IDEC® in einer Coachingsitzung mit einer Einzelklientin und im künstlerischen Zusammenhang des Projektes *Ungestalt*. In der Gegenüberstellung lassen sich Gleichheiten und Unterschiede auf einen Blick erkennen.

Die folgende Gegenüberstellung bezieht sich ausschließlich auf die Phase der Dezentrierung. Die anderen Phasen in der Architektur einer Coachingsitzung werden hier nicht berücksichtigt.

Phase der Dezentrierung – eine Gegenüberstellung

Kapitel 1

SETTING

Wir befinden uns in einer privaten Praxis. Es gibt einen kleinen Raum für die Gesprächssituation und einen größeren ca. 60 m² großen Bewegungsraum für die Dezentrierungsphase.

Wir befinden uns in einem ca. 120 m² großen Tanzraum. Der Raum ist für die erste Sequenz der Dezentrierungsphase vorbereitet: Matten sind ausgelegt, Malpapier, Farben, Schreibpapier, Stifte und Klebestreifen liegen bereit.

Coaching mit einer Klientin
Nach Aufnahme des Anliegens, der Situationsbeschreibung und der Vision eines guten Ergebnisses der Sitzung mache ich ein Angebot für die Phase der Dezentrierung.

Coaching mit einer Gruppe von acht Tänzerinnen im Rahmen des Choreografie-Projektes *Ungestalt*
Tanz-Solis entstehen im Gruppensetting.

BRÜCKE ZUR DEZENTRIERUNG

Angebot für künstlerisches Tun ist unabhängig vom Anliegen
etwas, das die Klientin noch nie gemacht hat, **Angebot:**
a) Klang- und Rhythmusinstrumente: drei auswählen für eine Musikimprovisation
b) Schatzkiste mit Überraschungsobjekten: blind tasten und drei Objekte auswählen für eine Bewegungs-/Tanzimprovisation

Klientin entscheidet sich für:
b) Schatzkiste und Tanzimprovisation

Das künstlerische Tun ist abhängig vom Anliegen, themennah, es findet innerhalb des Choreografie-Projektes *Ungestalt* statt. Die Methode des IDEC® ist neu und unbekannt; **Angebot:** Gedicht hören, das unbekannt ist, anschließend Malen, Schreiben und Tanzen.

Kapitel 1

INTERMODALE DEZENTRIERUNG
1. KUNSTORIENTIERTE GESTALTUNG EINES WERKES

Wir **wechseln den Raum** und gehen vom Gesprächsraum in den Bewegungsraum.

Dort ist die Schatzkiste vorbereitet. Die Klientin wählt durch Hineintasten drei Gegenstände aus: Filzball, Muschel, Schneckenhaus

Prinzip SERA anwenden (ca. 20 Min.)
Sensibilisieren: jeden Gegenstand befühlen und beschreiben.
Worte finden zu Gefühl, Eigenschaft, Assoziation.
Explorieren: Ball, Muschel, Schneckenhaus in Bewegung, Stimme und Sprache umsetzen.
Repitieren: bedeutsame Bewegungen herauskristallisieren, wiederholen.
Anerkennen: die drei Teile zu einem Werk zusammenfügen. Das Werk ist eine Bewegungsimprovisation, die Stimme darf dazu kommen, Worte dürfen dazu kommen. Coach begleitet mit Bewegung und Stimme.

Unser **Arbeitsraum ist der Tanzraum.** Hier finden die künstlerische Arbeit und die Gespräche statt.

Durch das Vorgespräch sind die Tänzerinnen darauf vorbereitet, dass wir nicht wie üblich mit Tanzen beginnen, sondern mit künstlerischem Tun, das überraschend sein wird.
Jede Person sucht sich einen Platz auf einer Matte, klebt das Malpapier am Boden fest und legt die Farben bereit.

Prinzip SERA anwenden (ca. 1,5 Std.)
Sensibilisieren: Ankommen bei sich, angeleitete Entspannung lenkt die Aufmerksamkeit auf sich selbst und öffnet die Sinne.
Explorieren: Gedicht hören, Imagination malen, Bild in Bewegung und Tanz übersetzen.
Repetieren: Bewegungsmotive herauskristallisieren.
Anerkennen: die entstandenen Soli-Improvisationen werden von allen acht Tänzerinnen gleichzeitig getanzt.

Erfahrungsaustausch im Schlusskreis
Es folgen weitere fünf Sequenzen des IDEC®, im Zeitabstand von ca. vier Wochen.

Kapitel 1

In der letzten Sequenz werden die Solo-Werke präsentiert und digital aufgezeichnet.

2. ÄSTHETISCHE ANALYSE VON WERK UND PROZESS

Schließt sich direkt an die künstlerische Werkgestaltung an und findet noch in der Zone des alternativen Kontextes statt (ca. 10 Min.)

Findet mit zeitlichem Abstand statt (ca. 45 – 60 Min.)
Die Ästhetische Analyse braucht eine Terminvereinbarung mit jeder Tänzerin.
Die Ästhetische Analyse findet aus organisatorischen und praktischen Gründen in einem privaten Raum statt. Grundlage für das Gespräch ist die Videoaufzeichnung des entstandenen Werkes. Das Gespräch wird mit Erlaubnis jeder Tänzerin digital dokumentiert.

Verlassen des alternativen Kontextes

Verlassen des alternativen Kontextes

Fortführung im Kontext des Choreografie-Projektes mit der Entwicklung der Choreografie.

Zeitrahmen für die gesamte Sitzung (ca. 60 bis 75 Min.)

Zeitrahmen für das gesamte Choreografie-Projekt *Ungestalt* (7 Monate)

In der Dezentrierung im Choreografie-Projekt Ungestalt begannen wir mit etwas Ungewohntem: Hören der poetischen Sprache des Gedichtes, Malen und Schreiben. Es war für alle Teilnehmerinnen im Kontext des Choreografie-Projektes etwas komplett Neues.

Kapitel 1

58_ *Knill, Paolo J. (2005): Kunstorientiertes Handeln in der Begleitung von Veränderungsprozessen. S. 62*

59_ *Vgl. Eberhart, Herbert/Knill, Paolo J. (2009): Lösungskunst. S. 124*

60_ *Ebd. S. 195*

61_ *Vgl. Neuner, Ursula Anna (2007): Beispiele zu den vier Grundstrukturen der Laban-Bewegungsanalyse. Anhang, A 2*

Ästhetische Analyse bringt Erfahrungen zur Sprache

Der Begriff „Erfahrung", der in diesem Buch im Zusammenhang mit der Anwendung der Methode des IDEC® im außerordentlichen Kontext des künstlerischen Choreografie-Prozesses *Ungestalt* steht, wird im Sinne der Definition nach Knill verstanden als: „… der individuellen, sich im Kontext zeigende Erlebnisgehalt. Erfahrung ist unser Sammelbegriff für Denken, Fühlen, Körperempfindungen, Wahrnehmen, Erinnern etc., bezogen auf den einzelnen Menschen. Erfahrungen sind kontextabhängig."[58]

Im Kontext der Ästhetischen Analyse beziehen sich die Erfahrungen auf den künstlerischen Prozess und das entstandene Werk. Einen Leitfaden für das Gespräch bietet das Akronym OPER. O steht für Oberfläche, für das, was sich phänomenologisch manifestiert hat; P steht für Prozess, bezogen auf alles, was den Prozess unterstützt oder auch behindert hat; E steht für das Erleben im Prozess, R steht für Richtungsweisendes, z. B. für das, was das Werk zu sagen hat, was es evtl. noch braucht, um fertig zu werden.[59]

Die Bezeichnung „nachhaltige Erfahrungen" bezieht sich in diesem Kontext auf Erfahrungen, die im künstlerischen Kontext entstanden, die durch die ästhetische Analyse bewusst wurden und in den Alltag der Tänzerinnen hineinreichen und Impulse für Bewusstsein und Veränderungen setzten.

Ressourcenorientierung und Spielraumerweiterung

Die Anwendung der EXA mit der Methode des IDEC® im künstlerischen Prozess bedeutete: „eine alternative Welterfahrung, die im konkreten Erschaffen des Werks Ressourcen mobilisiert und Herausforderungen bewältigt."[60]

In meiner Rolle als Coach unterstützte ich die Tänzerinnen aus ihrer ganz individuellen Quelle der Bewegung und Körpersprache zu schöpfen. Über eine Sprache, die sich an der Terminologie des Tanzes[61], am Augenblick des Geschehens und an den Ressourcen der Gruppe und Einzelner orientiert, wurden sie angeregt und ermutigt, ihre Imaginationen, Worte und Bewegungen entstehen zu lassen und das, was sich zeigt, wahrzunehmen und damit in Kontakt und Kommunikation zu gehen. In der Tanzimprovisation und im Ausdruck mit der Stimme und der Sprache entwickelte jede Tänzerin in der Dezentrierungsphase ihr einmaliges Solo-Werk.

Kapitel 1

Tanz und Choreografie

Tänzerische Stilmittel

In der Dezentrierungsphase wird mit der Tanzimprovisation als solistischer Improvisation gearbeitet. Sie ist in Anlehnung an die Definition von Barbara Haselbach zu verstehen als „unter bestimmten Bedingungen etwas nicht Vorgeplantes tun, sich den Umständen (z. B. dem Thema, der Gruppe, usw.) anpassen, sie zum Ausgangspunkt einer individuellen Veränderung oder Gestaltung zu machen."[62]

In Anlehnung an die Einstellung im New Dance lag im Choreografie Projekt die Haltung zugrunde, dass die Quellen für die Bewegungen in jeder Person selbst liegen und jede Person ihr eigenes Material findet, damit kreativ umgeht, Klischees und Grenzen überwindet und in der Lage ist, ihr Solo eigenständig und individuell zu gestalten.[63]

In der Tradition des Modern Dance tanzten die Tänzerinnen barfuß. Die Bewegungen waren natürlich. Sie basierten auf Body-Awareness-Work. Der Körperausdruck durfte und sollte expressiv sein, Stimme kam dazu. In der Dezentrierungsphase wurde mit tänzerischen Grundformen der Bewegung, mit Alltagsbewegungen und Kombinationen von Grundformen exploriert und gestaltet, z. B. Gehen, Drehen, Laufen, Springen und Rollen. Die Aktionen fanden auf unterschiedlichen Levels statt: am Boden liegend, in gehockter Position und im Stand. Shaping, nach Laban z. B. Ausbreiten und Schließen, oder Steigen und Sinken, die Anwendung unterschiedlicher Tempi, Krafteinsatz, Bewegungsfluss verlieh den Improvisationen individuellen Charakter.[64]

Mein Tanzstil äußert sich in einer Verknüpfung von individuellem, persönlichem Bewegungsrepertoire der Tänzerinnen und der von mir vorgegebenen tänzerischen Kompositionen auf der Grundlage Moderner Tanztechnik. Sie forderte jede Person heraus, den eigenen persönlichen Ausdruck zu formen und neues Tanzrepertoire zu trainieren.

Choreografische Stilmittel

Mit der Intention, das künstlerische Werk nach abgeschlossenem Entwicklungsprozess in der Öffentlichkeit zu präsentieren, musste ich in meiner Rolle als Choreografin und Künstlerin zielorientiert arbeiten und im künstlerischen Prozess die Vollendung des Werkes innerhalb der vorgegebenen Zeitstruktur im Blick behalten.

62_ Haselbach, Barbara (1976): Improvisation, Tanz, Bewegung. S. 5
63_ Vgl. Kaltenbrunner, Thomas (1998): Contact Improvisation. S. 19
64_ Vgl. Neuner, Ursula Anna (2007): Beispiele zu den vier Grundstrukturen der Laban-Bewegungsanalyse. Anhang, A 2

Kapitel 1

65_ *Stiller, Siegfried (2011): Fotodokument aus der Choreografie Ungestalt. Beispiel für: „Motive verdoppeln", „Motive verdichten in der Gruppe", siehe Seite 39*

Als Choreografin folgte ich meinem Stil, meiner Erfahrung und meiner Intuition. Ich erlebe Intuition vergleichbar mit einem Gedankenblitz, einem Bruchteil einer Sekunde, in dem ein Gedanke, ein Bild, eine Idee zufliegt und direkt in die Situation und in mein Handeln einfließt. Im Rückblick sind das oft geniale Wendungen und Entscheidungen.

Im Teil A der Choreografie waren die Tanz-Soli und die Komposition von Stimme und Sprache der Tänzerinnen begleitet. Choreografische Stilmittel waren: Gleichzeitigkeit von acht unterschiedlichen Soli, Wiederholungen von wesentlichen Gebärden und Bewegungsmotiven, Motive verdoppeln, Motive verdichten in der Gruppe.[65]

Im Teil B orientierte sich der Tanz am Charakter und an der Struktur des Musikstückes. Ein Lied der irischen Gruppe Celtic Women mit dem Titel: *The Voice.*

In der Choreografiearbeit, die sich an die Dezentrierungsphase anschloss, entwickelte sich eine Improvisationsstruktur, die in manchen Passagen frei und in manchen Passagen gebunden war. Das bedeutete, es wurden Absprachen getroffen, es wurde vorab ein Plan entwickelt. Er enthielt Orientierungszeichen, die von den Tänzerinnen visuell und akustisch wahrgenommen wurden und auf die sie reagierten.

Zum Beispiel, wenn Elisabeth die Schlüsselworte sprach „Ich bin!", war der Improvisationsdialog eröffnet. Es konnte von jeder anderen Tänzerin der Gruppe eine Reaktion in Sprache kommen. Es konnte z. B. folgen: „eine Suchende", oder „hässlich", oder „am Meer vertraut mit Fremden", usw.

Somit kam in diesem Augenblick der Faktor „Überraschung" mit ins Spiel. Er hatte Einfluss auf die Gestaltung und den Fortgang der Improvisation. Es formte sich an dieser Stelle jedes Mal ein anderes sinnvolles Sprachmuster, das im Augenblick entstand. Auch der Faktor Zeit wurde dadurch beeinflusst und variierte bei jeder Präsentation. Das Sprachspiel war dann beendet, wenn Rita ihre Signal-Bewegung mit den Armen und ihr lautes RRRRRRRTT! sprach. Sie hatte die Verantwortung, den Schlusspunkt zu setzten. Alle anderen wiederholten diesen Schlusspunkt synchron. Der Übergang in Teil B der Choreografie war damit initiiert. Moderne Tanztechnik und Zeitgenössischer Tanz brachten im Teil B der Choreografie Leichtigkeit und Bewegungsfluss. Die Musik und die synchrone tänzerische Bewegung der Gruppe zog die visuelle und akustische Aufmerksamkeit auf sich. Die Gruppe spiegelte im Teil B Gemeinschaft und Harmonie.

Die Komposition brachte strukturierte Aufstellungsformen und synchrone Bewegungsabläufe in die Gruppe und den Raum. Jede Tänzerin hatte ihre festgelegte Position innerhalb der Gruppe. Die tänzerische Komposition des Teiles B wurde einstudiert. Sie greift Gebärden aus den Solis auf, verarbeitete sie in fließenden Tanzkombinationen und reicherte sie mit neuen, weiteren Bewegungssequenzen an. Die Gruppe bewegte sich oft unisono, dann geteilt in zwei Gruppen, die sich gegenläufig durch den Raum bewegten. Die Aufstellungsformen wechselten, z. B. eine Linie, die als Assoziation zur irischen Musik, an den Line-Dance erinnert. Die Linie bewegte sich im Uhrzeigersinn. Die Leichtigkeit der Musik und der Singstimme inspirierte meine Komposition.

Die Lichttechnik hüllte im Bühnenraum manche Aktionen im Halbdunkel ein und stellte bestimmte Personen und Motive in den Mittelpunkt. In der Tanzstruktur überlagerten sich die Kontexte von acht gleichzeitig getanzten und gesprochenen Soli-Geschichten. Die Soli-Themen fanden über die Farbe und den Stil der Kleidung jeder Tänzerin einen weiteren Ausdruck.

Für Teil B der Choreografie ist folgende Definition und folgendes Verständnis von Choreografie zutreffend: „Choreografie ist die Auswahl von Bewegungen und Positionen, die – von einem Choreografen zusammengestellt, von einem oder mehreren Tänzern ausgeführt – einen inhaltlichen und formalen Zusammenhang aufweisen und, in ihrem Ablauf abgesprochen, wiederholbar sind."[66]

Das Werk *Ungestalt* setzte sich schließlich aus zwei kontrastreichen Teilen zusammen und hatte eine Länge von ca. 8 bis 10 Minuten. Auf der DVD, welche die Performance wiedergibt, ist eine kurze, künstlerisch bearbeitete Version, sowie die Original-Videoaufnahme der Choreografie zu sehen.[67]

Tanzpädagogik und Tanzwissenschaft
Beziehung stärkt das Selbstvertrauen im kreativen Prozess
An dieser Stelle soll eine Pionierin der Tanzkunst zu Wort kommen: Margaret N. H'Doubler. Sie war Anfang des 20. Jahrhunderts Tänzerin, Tanzpädagogin, Künstlerin

Kapitel 1

66_ Lampert, Friederike (2007): Tanzimprovisation. S. 31
67_ Neuner, Ursula Anna (2011): DVD Choreografie-Projekt Ungestalt, Titel 2 und 3.

Kapitel 1

68_ Vgl. H'Doubler, Margaret N. (1940): Dance a creative art experience. S. Xi
69_ Ebd. S. XXi
70_ Foster, Susan Leigh (2003): Taken by Surprise. S. 4

und Wissenschaftlerin. Sie lehrte als Professorin am Department of Physical Education for Women, University of Wisconsin.[68] Anna Halprin war ihre Schülerin.

„When creativity is the issue, much depends upon the teacher`s ability to inspire confidence in the students so that they will be unafraid of what they might reveal when honestly expressing their own reactions. This interrelationship implies creative effort on the part of both teacher and student. To find new meanings and to give new forms to the values found is life`s creative principle of adjustment. It is an inherent and biological principle before it is an art principle. Art cannot be divorced from life – it is of life`s essence"[69]

Wenn es um Kreativität geht, hängt vieles davon ab, inwieweit der Lehrer fähig ist, die Schüler mit Selbstvertrauen zu beflügeln, so dass sie vor dem, was ihr ureigener Ausdruck enthüllt, unerschrocken bleiben. Diese gegenseitige Beziehung setzt kreative Bemühung von beiden Seiten voraus, vom Lehrer und von den Schülern. Neue Formen und neue Bedeutungen für Werte zu suchen, die gefunden werden, das ist der kreative Anpassungsgrundsatz im Leben. Es war ein verborgenes, biologisches Prinzip, bevor es ein Prinzip in der Kunst wurde. Kunst kann nicht vom Leben getrennt werden – sie ist die Essenz des Lebens.

Diese wertvollen Erfahrungen und Gedanken von Margaret N. H`Doubler treffen auch heutzutage, 70 Jahre nach ihrer Veröffentlichung, immer noch zu und sind in der Beziehung von Coach und Tänzerinnen im Projekt *Ungestalt* aktuell.

Tanzimprovisation erweitert Selbstkompetenz

Die amerikanische Tanzwissenschaftlerin und Tänzerin Susan Leigh Foster beschreibt das, was im Improvisationsprozess geschieht, folgendermaßen: *„Improvisation presses us to extend into, expand beyond, extricate ourselves from that which was known. It encourages us or even forces us to be 'taken by surprise'. Yet we could never accomplish this encounter with the unknown without engaging the known."*[70]

Susan Leigh Foster sagt in ihrem Zitat, dass die Tanzimprovisation uns dazu bringt, über etwas hinauszuwachsen, das wir schon kennen und längst wissen. Sie ermutigt uns dazu, uns überraschen zu lassen. Um die Begegnung mit dem Unbekannten zu machen, wenden wir zunächst das an, was uns schon bekannt ist.

Kapitel 1

Tanzimprovisation bringt uns dazu, intuitiv im Augenblick zu handeln. Jede Person startet zunächst mit den Mustern, die sie bereits kennt. Jedoch entsteht in der Begegnung mit dem, was nicht vorhersehbar ist, etwas Neues, etwas, das wir nicht planen und voraus denken können. Tanzimprovisation lockt uns geradezu aus unserer Reserve, sie lockt uns aus unseren Gewohnheiten heraus. Es entsteht eine neue Wirklichkeit, die wir selbst im tänzerischen Handeln kreieren. Wir überraschen uns selbst!

Improvisation gibt den Raum, tänzerisch neue Handlungsmuster zu experimentieren, zu erproben und die eigenen Handlungsspielräume zu erweitern. Dies geschieht in jeder Dezentrierung, ob im künstlerischen Kontext oder im Setting von Coaching oder Therapie.

Gruppenimprovisation stärkt soziale Kompetenzen

In meiner Rolle als Leiterin des Projektes entsprach es mir, einen demokratischen Leitungsstil zu pflegen und mit meinen Tänzerinnen als gleichberechtigten Partnerinnen zusammenzuarbeiten. Ebenso folgt die Tanzimprovisation als choreografisches Stilmittel demokratischen Handlungsprinzipien. Teil A der Choreografie liegt diese demokratische Struktur zugrunde. Sie entfaltet ihren tänzerischen Fluss und ihre Wirkung in der Gleichberechtigung aller Teilnehmerinnen.

Diese Tatsache kommt im Zitat von Horwitz, der die Improvisation als die politischste von allen Tanzformen bezeichnet, sehr anschaulich zum Ausdruck: *„Of all the dance forms, improvisation is probably the most political – because it contains the urgency of immediacy. Improvisation forces people to make decisions on their feet and to live with those decisions. It helps to see how their decisions affect others. When done by groups of people, it has everything to do with learning to work with others – not competing but working with the idea of the total picture and the individuals small but significant place in that overall picture."* [71]

Dieses Zitat von Horwitz macht deutlich, dass soziale Kompetenzen wie z. B. Kommunikation, Kooperation, Eigenverantwortlichkeit sowie Selbst- und Fremdwahrnehmung, inklusive Raumwahrnehmung, wesentliche Merkmale dieser tänzerischen Stilrichtung sind.

Jede einzelne Person trägt die Verantwortung für das gemeinsame, im Augenblick entstehende Werk. Jede individuelle Entscheidung hat ihren Einfluss auf die Gruppe und wiederum auf das Handeln einzelner. Tanzimprovisation in der Gruppe ist ein wech-

[71] Horwitz, C. (1987): The Politics of Improvisation. S. 44

Kapitel 1

selseitiges Spiel von Initiative ergreifen und Impulse setzen, reagieren, sich wieder in die Struktur einordnen und den Blick für das Ganze behalten. Jede Person bringt sich mit ihren Selbstkompetenzen, ihren sozialen Kompetenzen und ihrer Präsenz ein und trägt ihren Teil zum Entstehen des Ganzen bei.

Philosophie
Ungestalt und Gestaltwerdung – eine Begriffsbestimmung
Isoliert betrachtet, provoziert das Wort „Ungestalt" eine negative Charakterisierung von Gestalt, oder die Vorstellung von etwas, das ungestaltet und formlos ist. Im Wort „Ungestalt" ist das Wort „Gestalt" bereits enthalten. So muss die Bedeutung des Wortes wohl aus dem jeweiligen Zusammenhang erschlossen werden.

Ungestalt ist der Titel eines Gedichtes der jüdischen Dichterin Rose Ausländer. Es spielte zu Beginn der Dezentrierungsphase eine bedeutsame Rolle. Es führte die Teilnehmerinnen mit poetischer Sprache in die Welt der Imagination. Es führte zur Entstehung eines Bildes, zu eigenen poetischen Worten und wurde schließlich zu einem persönlichen Thema, das im Tanzsolo Gestalt annahm.

Eine allgemeine philosophische Definition versteht in diesem Sinne Gestalt als: „Einheit einer Mannigfaltigkeit, deren eigenständige Gestaltqualität nicht auf die Qualitäten der Teile der Mannigfaltigkeit reduzierbar ist."[72]
In der Choreografie-Arbeit entstand ein mannigfaltiges Werk, indem die acht Soli-Werke sich zu einer Choreografie-Gestalt formten.

Die Foto-Momentaufnahmen einzelner Bewegungsmotive sprechen für sich und lassen die Körper der Tänzerinnen und ihre gestaltete Bewegung in einer Gebärde in den Vordergrund treten.

In den EXA spielen die Begriffe „gestalten" und „Gestalt" im Sinne der Werkorientierung eine wesentliche Rolle, „da das Gestaltete als Objekt anwesend ist – ein gestaltetes ‚Etwas', das in seiner Wirklichkeit von allen Beteiligten einsehbar und einhörbar ist, eine sinnlich erfahrbare Manifestation, die zudem immer auch auf andere Werke verweist"[73].

72_ Mittelstraß, Jürgen (Hg) (1995): Enzyklopädie Philosophie, Bd. I. S. 765
73_ Eberhart, Herbert/Knill, Paolo J. (2009): Lösungskunst. S. 217

Kapitel 1

Ungestalt – ein einmaliges, unverwechselbares Werk

Mit der Choreografie *Ungestalt* ist ein einmaliges unverwechselbares Werk entstanden. Jede einzelne Tänzerin brachte mit ihrem Solo-Thema etwas ganz persönliches, nämlich ihre Lebenserfahrung und ihre eigene Wahrheit zum Ausdruck. In meiner Rolle als Coach, Choreografin, Künstlerin und Privatperson hat sich auch meine Lebensgeschichte im Werk abgebildet.

„Keine Intuition ist besser oder wahrer als eine andere; ihr Ausdruck zu verleihen ist immer schön. Schönheit, Kunst und Ausdruck sind also Synonyme."[74]

74_ *Hauskeller, Michael (2008): Was ist Kunst? S. 68*

Kapitel 2 — Abenteuer des künstlerischen Prozesses

Der Kopf gab zu bedenken
Willst Du Dich wirklich wieder in die Herausforderung hineinbegeben? Was soll es werden? Was wird am Ende herauskommen? Du weißt NICHTS. Was Du weißt: Der künstlerische Prozess wird Dir viel Zeit kosten, von NICHTS kommt NICHTS, wie man so schön sagt. Er wird Deine Gedanken beschäftigen und deine Energie so lange binden, bis das Werk fertig ist. Das ist es, was Du aus Erfahrung weißt.

Der Bauch hielt dagegen
Ich bin offen für neue Erfahrungen. Ich habe Lust auf einen schöpferischen Choreografie-Prozess und bin neugierig, was die Dezentrierung bewirkt. Das wird Futter für meine Sinne. Sie fahren aus wie Antennen und stellen sich auf Empfang. Die erhöhte Schwingung belebt meinen Geist, meine Imagination, meine Intuition setzt meine künstlerische Schaffenskraft frei. Der Alltag belebt sich. Es ist, wie wenn bunte Schmetterlinge durch die Luft fliegen.

Das Herz bekannte sich
Ich liebe die künstlerische schöpferische Arbeit. Da bin ich Feuer und Flamme und vergesse Raum und Zeit. Da spüre ich den Pulsschlag des Lebens. Ein neues Choreografie-Projekt ist jedes Mal wie eine Schwangerschaft und Geburt. Es entsteht etwas noch nie Dagewesenes. Das Werk wird eine Botschaft bringen. Es wird seine Spuren hinterlassen.

Das Choreografie-Projekt Ungestalt startete im Herbst 2009.

Chronologische Übersicht:
Zeitstruktur, Schritte und Phasen im künstlerischen Prozess

Das Projekt *Ungestalt* war Teil der Choreografie-Werkstatt 2009–2011. Die Tabelle gibt eine chronologische Übersicht zur Organisation der Zeit, den Arbeitsphasen innerhalb der Choreografie-Werkstatt, den einzelnen Arbeitsschritten in der Dezentrierungsphase und der Choreografie-Phase des Projektes *Ungestalt.*

ZEIT	SCHRITTE	PHASEN	Kapitel 2
2009			
September	Choreografie-Werkstatt 2009-2011	Einführung	
Oktober	1. Schritt: IDEC – die Sinne öffnen	Dezentrierung und	
November	2. Schritt: Kommunikation im Tanz	Choreografiearbeit	
Dezember	3. Schritt: Bildmotive tanzen	an den Stücken: Wasserwesen, Alleine und doch gemeinsam,	
2010		Klassische Leichtigkeit	
Januar	4. Schritt: Schreiben, Tanzen, Sprechen	in Blau, Pois-Swinging	
Februar	5: Schritt: Soli-Werke festigen		
März	6. Schritt: Soli-Werke zum Abschluss bringen, Aufzeichnen der Soli		
April	Wasserwesen, Alleine und doch gemeinsam, Klassische Leichtigkeit in Blau, Pois-Swinging	Choreografiearbeit siehe Okt. 2009 – März 2010	
Mai	Siehe April		
Juni	Benefiz-Performance in der Natur		
Juli/August	Sommerpause		
September	Ästhetische Analyse-Interviews	Dezentrierung	
Oktober	Ästhetische Analyse-Interviews		
November	Solo Coaching: Sprache & Tanz	Choreografiearbeit	
Dezember	Solo Coaching: Sprache & Tanz	*Ungestalt*	
2011			
Januar	Ungestalt, Jungle Drum, Alleine und doch	Choreografiearbeit	
Februar	gemeinsam, Klassische Leichtigkeit in Blau, Pois-Swinging, Wasserwesen		
März	Vertraut werden mit dem Bühnenraum, Generalprobe und Präsentation im abraxas Theater in Augsburg	Abschluss der Choreografie-Werkstatt Bühnenpräsentation	

Kapitel 2

Choreografie-Werkstatt und das Projekt *Ungestalt*

Die Ausschreibung

Meine künstlerische Arbeit etablierte sich ab 2006 als Choreografie-Werkstatt. Sie ist die Vertiefung und Weiterführung der tanzpädagogischen Arbeit in meinen fortlaufenden Kursen. Sie führt über die Tanzimprovisation und die moderne zeitgenössische Tanztechnik zur Komposition und Choreografie. Wir tauchen in einen schöpferischen Prozess ein und arbeiten an einem abendfüllenden Tanzperformance-Programm. Die Bühnenpräsentationen waren im abraxas-Theater in Augsburg. Zu Beginn eines neuen Zyklus mache ich eine Ausschreibung, die sich an alle meine Kursteilnehmerinnen richtet. Eine verbindliche Anmeldung für die Choreografie-Werkstatt ist erst nach der Einführung möglich.

Nach der Einführungsveranstaltung waren es 10 Frauen, die sich für die Teilnahme am neuen Choreografie-Zyklus entschieden. Diese Gruppe bezeichne ich als *tanzwerkstatt-compagnie.* Sie repräsentiert die *tanzwerkstatt* für den Zeitraum des aktuellen Choreografie-Werkstatt-Prozesses. Der Zeitraum war von Herbst 2009 bis März 2011. In diesem Zeitabschnitt waren zwei öffentliche Performances. Eine Benefiz-Veranstaltung im Juni 2010 in Utting am Ammersee in der Natur. Als Abschluss zwei Bühnenpräsentationen im März 2011 im abraxas-Theater in Augsburg. Das Projekt *Ungestalt* war eine von 10 Kurzchoreografien, die in diesem Zeitraum entstanden.

Die Teilnehmerinnen

Von den zehn *tanzwerkstatt-compagnie-*Tänzerinnen nahmen acht am Projekt Ungestalt teil. Im Laufe der Beschreibung des Projektes wird jede einzelne Tänzerin in den Vordergrund treten. Als Leserin und Leser dieses Buches werden Sie die Teilnehmerinnen im Laufe des zweiten und dritten Kapitels über das Medium der Fotografie, der Malerei und der Sprache kennenlernen.

An dieser Stelle werden die Tänzerinnen vorgestellt. Der Fokus ist auf die Frage der Motivation gerichtet, mit der jede Frau teilnahm und auf die Erfahrungen, welche sie im Bereich Tanz und anderen Ausdruckskünsten mitbrachte. Ich hatte die Teilnehmerinnen dazu schriftlich befragt. Im folgenden Text lasse ich jede Person selbst im Zitat zu Wort kommen. Mit dem Einverständnis der Teilnehmerinnen nenne ich im weiteren Verlauf des Textes die Vornamen und den Anfangsbuchstaben des Familiennamens.

Motivation und Vorerfahrungen der Teilnehmerinnen

„Was ist Deine Motivation zur Teilnahme an der Choreografie-Werkstatt und speziell am Projekt *Ungestalt*?"

Anja W., Lehrerin: „Ich freue mich auf die intensive Choreografiearbeit in der festen Gruppe."

Barbara K., Lehrerin: „Ich folge einer leisen, inneren Stimme. Ich mag Herausforderungen und Neues. Ich möchte auch meine Tanztechnik verbessern. Mit 56 Jahren bin ich immer noch eine begeisterte Lernende."

Edeltraud S., ehemalige Chefsekretärin: „Ich möchte gerne einen weiteren Gestaltungsprozess miterleben."

Elisabeth H., Psychologin: „Wenn Du etwas erleben willst, was Du noch nie erlebt hast, dann musst Du etwas tun, was Du noch nie getan hast. Ich war Zuschauerin bei der tanzwerkstatt-Performance 2008 im abraxas-Theater. Ich war fasziniert von der Ausdruckskraft, dem Spaß und der Freude am Tanz, welche die Tänzerinnen ausstrahlten. Das will ich auch gerne erfahren."

Hermine B., Physiotherapeutin, Dipl.-Päd. (Univ.): „Ich freue mich auf den spannenden kreativen Prozess, wie ich zu meinem eigenen Ausdruck finden werde und damit zu mir selbst. Mich fasziniert das eigene Mitwirken an der Entstehung der Choreografie."

Rita G., Krankenschwester: „Das Tanzen ist für mich lebensnotwendig. Es ist meine Kraftquelle. Die Choreografie-Werkstatt ist für mich eine Gelegenheit, gezielt an meinen Lebensthemen zu arbeiten und das, was ist, zum Ausdruck zu bringen. Es ist spannend für mich, das Spielen neu zu lernen."

Tania L., Lehrerin: „Ich möchte gerne den Entstehungsprozess eines Stückes miterleben, an Details arbeiten, durch deine wunderbare Anleitung erfahren, wie alles stimmig und bühnenreif wird. Ich habe Lust auf den Teamgeist, die Stimmung hinter der Bühne und die Erfahrung des Auftritts."

Uli V., Ärztin: „Das Tanzen und die Choreografie-Arbeit beleben mich und meinen Alltag. Ich habe Freude an neuen Herausforderungen. In dieser speziellen Tanzarbeit verbindet sich für mich Struktur und Freiheit. Das Sich-Miteinander-Ausprobieren in der Gruppe bereichert mich."

Kapitel 2

Kapitel 2

"Welche Vorerfahrungen im Bereich Tanz und anderen Ausdruckskünsten bringst Du mit?"

Anja W.: *Ich tanze seit ca. meinem siebten Lebensjahr. Zunächst Ballett, dann Jazztanz mit jährlichen Aufführungen. Am Gymnasium war ich in der Theatergruppe. Seit 1996 tanze ich in der tanzwerkstatt. Ich nahm an allen Performances in den letzten 16 Jahren teil. Ich habe auch die Jahresfortbildung „Tanz & Kreativität & Pädagogik" 2002/2003 gemacht.*

Barbara K.: *Als Jugendliche machte ich Tanzkurse in Paartanz, als Studentin nahm ich an Seminaren „Tanzen und Malen" teil, seit über 20 Jahren fasziniert mich der spirituelle Aspekt des Tanzes und ist mir Lebenshilfe. Ich tanze im Franziskanischen Zentrum monatlich alte Kreistänze aus verschiedenen Kulturen, überliefert von Gabriele-Maria Wosien. Seit 1996 tanze ich in der tanzwerkstatt, machte dort auch die Jahresfortbildung „Tanz & Kreativität & Pädagogik" 2003/2004. Ich machte mein Abitur in Musik (Klavier) und Kunst (Kunstgeschichte und Keramik). Seit meinem 12. Lebensjahr schreibe ich Tagebuch und Gedichte. Mich begleitet Malen, Singen im Chor mit Orchesterbegleitung, Einzelunterricht in Percussion. Seit 2004 war ich bei allen tanzwerkstatt-Performances in der Natur und auf der Bühne mit dabei.*

Edeltraud S.: *Als Jugendliche tanzte ich Standard und Turniere, dann war eine lange Pause. Seit 1996 tanze ich wieder in der tanzwerkstatt. Seit 2004 war ich bei allen Performances mit dabei. Ich zeichne, das habe ich vor einigen Jahren im Zusammenhang mit dem Tanzen entdeckt. Schwerpunkt meiner Pinsel- und Kohlezeichnungen ist die Bewegung. Ich zeichne oft nach den Choreografie-Proben. Mit Siegfried Stiller, dem Fotografen, gestaltete ich die letzten beiden Ausstellungen, die begleitend zur tanzwerkstatt-Performance stattfanden.*

Elisabeth H.: *Ich bin seit einem halben Jahr im regelmäßigen Kurs „Körperarbeit und Tanz". Ausdruckstanz habe ich in einer Reha-Maßnahme kennengelernt. In der tanzwerkstatt habe ich zunächst am Heilsamen Tanz teilgenommen. Er hat mich auf einer tiefen Ebene mit dem Hier und Jetzt verbunden und ausgesöhnt, in einer Situation, in der Sprache den Kern meiner erlebten Wirklichkeit nicht mehr erfassen konnte. Hier war der Ausdruck jenseits von Sprache für mich erleichternd und Frieden bringend.*

Hermine B.: *Seit meiner Kindheit habe ich Interesse und Lust am Tanzen. Im Rahmen meines Studiums der Dipl.-Pädagogik (Univ.) habe ich in der tanzwerkstatt mein Praktikum absolviert, habe dann regelmäßig am Kurs „Energiearbeit und Tanz" teilgenommen und auch an der Jah-*

46

resfortbildung „Tanz & Kreativität & Pädagogik" 2004/2005. Seit 2005 bin ich in der Choreografie-Werkstatt und bei den Performances in der Natur und auf der Bühne dabei. Während des Studiums habe ich an Workshops mit Stimme und Theaterarbeit teilgenommen.

Rita G.: *Ich erfülle mir einen Kindheitstraum. Ich tanze! Seit vier Jahren bin ich im regelmäßigen Kurs „Körperarbeit und Tanz", Workshops mit Taiji-Tanz und Stockkampfkunst, außerdem Butoh-Tanz. Seit 2008 bin ich in der Choreografie-Werkstatt und bei den Performances auf der Bühne und in der Natur mit dabei. Ich male mit Acrylfarben, drucke mit Textilfarben und habe die Kostüme für einige unserer Choreografien genäht.*

Tania L.: *Als Kind hatte ich kurze Zeit Ballettunterricht, als Jugendliche tanzte ich Standardtänze, seit 2006 belege ich Kurse in der tanzwerkstatt: „Energiearbeit und Tanz", „Heilsamer Tanz", Choreografie-Werkstatt mit Performanceauftritt in der Natur und auf der Bühne. Erfahrungen habe ich in der bildnerischen Kunst, im Kreativen Schreiben, im Theaterspielen. Seit einigen Jahren mache ich mit meinen Kunstwerken, die meist aus Naturmaterialien, Malerei und Texten bzw. Gedichten bestehen, Ausstellungen.*

Uli V.: *Als Studentin war ich im Jazztanz, seit 1994 tanze ich in der tanzwerkstatt in fortlaufenden Kursen, Taiji-Tanz-Workshops, Stockkampfkunst, Butoh-Tanz-Workshops. Seit 2004 bin ich bei der Choreografie-Werkstatt und den Performances in der Natur und auf der Bühne mit dabei. Ich spiele Klavier.*

Zusammenfassend kann man feststellen, dass alle Tänzerinnen Laien sind. Sie üben in ihrer Freizeit und sind alle in einem regelmäßigen tanzwerkstatt-Kurs. Alle, bis auf eine Tänzerin, bringen Erfahrungen in speziellen Tanztechniken und Stilrichtungen mit. Viele sind auch in anderen klassischen Kunstrichtungen aktiv, z. B. Schreiben, Malen, Musizieren, etc. Alle, bis auf eine Teilnehmerin, waren bereits bei der vorhergehenden Choreografie-Werkstatt und Performances mit dabei.

Das Vertraute und die Herausforderungen

Die Ausschreibung zur Choreografie-Werkstatt richte ich bewusst ausschließlich an Teilnehmerinnen meiner fortlaufenden Kurse. Ich kenne die Frauen, und die Tänzerinnen kennen sich durch das wöchentliche Tanztraining im Kurs. Sie kennen mich und meine Arbeitsweise. Diese Voraussetzungen geben der persönlichen und intensiven Arbeit im künstlerischen Prozess eine vertraute und sichere Basis.

Kapitel 2

Kapitel 2

Wie in den Aussagen zur Motivation und zu den Vorerfahrungen der Teilnehmerinnen zum Ausdruck kommt, gehen fast alle Frauen schon über mehrere Jahre mit mir durch das Abenteuer der Choreografie-Werkstatt, durch Performances in der Natur und auf der Bühne und die damit verbundene vorausgehende Projektphase. Sie wissen, auf was sie sich einlassen.

Ich brachte in diese Choreografie-Werkstatt 2009/10 meine Begeisterung und Freude an schöpferischen Arbeitsprozessen ein. Ebenso meine Erfahrung aus vorhergehenden geglückten kreativen Projekten. Ich habe immer neu das Vertrauen in den Prozess, in meine Intuition und in meine Gruppe.

Die Erfahrung lehrt: Ein Prozess hat seine Höhen und Tiefen. Es finden sich immer wieder überraschende Wendungen und Lösungen, die nicht vorhersehbar sind. Am Ende stand bis jetzt immer ein einzigartiges Werk, mit dem alle Beteiligten zufrieden und auf das sie stolz waren. Dieses Mal war die besondere Herausforderung mit EXA im Projekt *Ungestalt* zu arbeiten. Neu war, Tanz und Sprache miteinander zu verbinden und Solo-Werke zu erarbeiten. Auch meine Rolle als Coach nahm ich in diesem Zusammenhang zum ersten Mal ein.

Für alle Tänzerinnen war die Arbeit mit den EXA, speziell die Dezentrierung und die ästhetischen Analyse-Interviews neu. Bisher waren wir gewohnt, für Choreografien mit Bewegungsexperimenten, Tanzimprovisation und Tanztechnik einzusteigen. Dieses Mal gab es für jede Person die Herausforderung, etwas zu tun, was sie im Choreografie-Zusammenhang noch nie getan hatte: Malen, Schreiben und Sprechen.

Das bedeutet: gute Planung und Vorbereitung. Aus der Erfahrung weiß ich, dass es in der praktischen Durchführung oft anders läuft als geplant. Doch zunächst gilt es, alles gut vorzubereiten und zur Verfügung zu haben, was man unter Umständen braucht. Dazu gehört z. B. Material: Malpapier, Farben, Stifte, Kleber; Technik: Fotoapparat, Videokamera; Musik: CD-Auswahl, Instrumente usw.

Mit der inneren Haltung des Vertrauens, mit Begeisterung und Neugier starteten wir in das Choreografie-Projekt *Ungestalt*.

Kapitel 2

Expressive Arts öffnet einen Raum für Erfahrungen

Die Phase der Dezentrierung

Mit Beginn der Dezentrierung betreten wir einen Raum, in dem das künstlerische, spielerische Tun in den Vordergrund tritt und besondere Bedeutung bekommt. Wir agieren in einem *alternativen Kontext*. Wir lassen den Alltag, die Alltagslogik und das vorausschauende Denken und Strukturieren hinter uns und wechseln von einer alltäglichen Wirklichkeit in eine alternative Wirklichkeit. Dort ist Raum und Zeit für eine *alternative Welterfahrung*.[75]

Es wird in diesem Zusammenhang bewusst nicht von einer alternativen Welt gesprochen, denn die Erfahrung geschieht ganzheitlich und bleibt im Hier und Jetzt. Sie ist in Form von Sprache mitteilbar und nachvollziehbar.[76]

Für das künstlerische Tun innerhalb des IDEC® bedarf es eines *bewussten Umgangs mit der Sprache*. Sie ist wertschätzend, ressourcenorientiert und orientiert sich an der Terminologie des gestalterischen Mediums. Das sinnliche Erleben im Tun wird durch einfühlsames In-Worte-Fassen vertieft, auf eine andere Ebene gebracht und gibt oft Impulse für neue Perspektiven. Damit bereichern sich künstlerisches Tun und Sprache gegenseitig.[77]

Wie sich die Praxis nun konkret gestaltete und der Raum sich für die Erfahrungen öffnete und bereitete, wird in den nachfolgenden praktischen Schritten deutlich.

Akronym SERA

In der folgenden Beschreibung der praktischen Schritte spielt das Akronym SERA in der Methode des IDEC® eine Rolle.[78] Dabei stehen die einzelnen Buchstaben für jeweils einen speziellen Schritt im methodischen Vorgehen. „S für Sensibilisieren, E für explorierendes und entdeckendes Auswählen, R für das Repetitive und Zirkuläre beim Ausprobieren, A für das Anerkennen des entstehenden Werks."[79]

Bedeutsame Schritte in der Dezentrierung

Nachfolgend werden bedeutsame Schritte in der Dezentrierungsphase protokollartig beschrieben. Sie lassen nachvollziehen, wie die Soli-Werke entstanden sind. Jeder Schritt hat ein Schwerpunktthema und orientiert sich in der methodischen Durchführung am Leitfaden SERA. Der erste Schritt wird ausführlich dargelegt. Der bewusste Umgang mit

---

75_ *Eberhart, Herbert/ Knill, Paolo J. (2009): Lösungskunst. S. 184 f*
76_ *Vgl. ebd. S. 44*
77_ *Vgl. ebd. S. 18*
78_ *Vgl. ebd. S. 106*
79_ *Ebd. S. 106*

Kapitel 2

80_ Kabat-Zinn, Jon (2007):
108 Momente der Achtsamkeit. S. 67

der Sprache kommt in der Ausführlichkeit der Beschreibung des ersten Schrittes zur Geltung. Die Beschreibungen der folgenden Schritte konzentrieren sich auf die Essenz des jeweiligen Schrittes.

Raum bereiten für künstlerisches Tun – die Sinne öffnen
Ziel: In Kontakt kommen mit sich selbst, explorieren und entdecken im Malen, Tanzen und Schreiben. September 2009

Künstlerisches Tun ist sinnliches Tun. Im Projekt konnte ich an den Gesichtern der Teilnehmerinnen die Freude sehen, mit der sie sich in die tänzerische Bewegung hineinbegaben, ihr angeregtes Schaffen beim Malen, ihre Konzentration im Schreiben und das Erstaunen über die Überraschungen, die sich offenbarten. Bei diesem Tun gibt es kein Richtig und Falsch, keine Wertungen und keine Leistungsansprüche, so wie wir das aus Alltag und Beruf nur allzu gut kennen. Das entspannt die Atmosphäre und eröffnet neue Spielräume.

A. Sensibilisieren

Ankommen im Raum, im Körper und der Wahrnehmung im Hier und Jetzt

Raumvorbereitung: Acht Matten sind im Raum ausgelegt, DIN A3 Malpapier und Wachsmalkreiden liegen bereit, Klebestreifen, um das Malpapier am Boden festzukleben. Jede Frau sucht sich einen Platz, klebt das Malpapier neben der Matte auf den Boden, legt die Wachsmalkreiden bereit und legt sich dann in Rückenlage.

a) Den Atem spüren - Coach begleitet das Ankommen

„Wir denken nicht an den Atem oder die Atemempfindung, sondern wir spüren den Atem, reiten auf den Wellen des Atems wie ein Blatt auf einem Teich oder als würden wir auf einem Schlauchboot auf den sanften Wellen eines Ozeans oder eines Sees dahintreiben; so spüren wir die Atemempfindung Moment für Moment."[80]

„Erlaube Dir, in Ruhe in der Rückenlage anzukommen. Wenn Du möchtest, schließe Deine Augen und spüre, wie Dein Körper entspannt in Kontakt mit der Erde ist."

„Nimm Dir Zeit, Deinen Atem zu spüren, wie er jetzt gerade kommt und geht."

„Wenn Gedanken auftauchen, nimm sie wahr, … lasse sie dann mit dem Ausatmen wegziehen wie weiße Wolken, die sich am blauen Himmel Richtung Horizont bewegen."

„Mit dem Ausatmen erlaube Dir, Dein Gewicht loszulassen und der Schwerkraft zu folgen. Die Erde trägt Dich. Du brauchst im Moment keine Kraft und keine Anspannung, um in dieser Position zu liegen."

b) Wahrnehmung bereichern durch Poesie

„Richte dann Deine Aufmerksamkeit auf das Gedicht *Ungestalt* von Rose Ausländer, das Du nun hören wirst. Nach dem ersten Mal Lesen werde ich eine kurze Pause machen und das Gedicht dann noch ein zweites Mal lesen."

c) Raum geben für Imagination

„Lass das Gedicht noch einen Augenblick nachwirken."
„Welche Vorstellungen, welche Bilder tauchen vor Deinem geistigen Auge auf?"
„Gibt es eine Farbe, die Dir spontan in den Sinn kommt?"
„Wenn Du zu einer bildlichen Vorstellung und einer Farbe gefunden hast, reibe Deine Hände, bewege Deine Füße, räkle und strecke Dich und komme allmählich zum Sitzen."

B. Explorieren und Entdecken

a) Im Malen (ca. 10 Min.)

„Wenn Du bereit bist, beginne mit dem Malen. Wir haben ca. 10 Min. Zeit zur Verfügung. Ich gebe zwischendurch eine Zeitansage."
„Komme allmählich zum Abschluss mit dem Malen."

b) Im Schreiben (ca. 5 Min.)

„Nimm Dir ca. 5 Minuten Zeit, um Dein Bild zu betrachten, vielleicht aus verschiedenen Perspektiven und auch mit unterschiedlichem räumlichem Abstand."
„Welchen Titel möchtest Du Deinem Bild geben?"
„Wenn Du Dein Bild betrachtest, was kommt Dir in den Sinn?"
„Schreibe zu Deinem Bild intuitiv Worte, Gedanken und Assoziationen.

c) Im Tanzen

„Die Worte, die Du ausgewählt hast, leiten Dich hinein in Deinen Tanz. Suche Dir einen Ausgangsplatz im Raum und eine Position, in der Du beginnen willst. Alle tanzen gleichzeitig. Wir haben so lange Zeit, wie das Musikstück dauert, ca. 4 Min."

Während des Tanzens gebe ich Anleitungen mit Worten. Ich sehe die Tänzerinnen. Ich greife auf, was ich sehe, orientiere mich an den Möglichkeiten, die es gibt und führe sie mit meinen Worten:

Kapitel 2

Kapitel 2

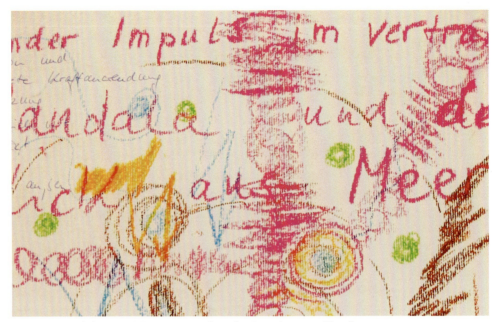

Hermine: *„Ich bin eine Vertraute mit fremden Impulsen am Meer"*

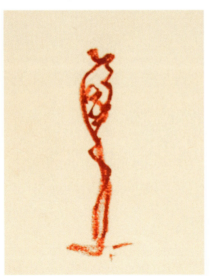

Edeltraud: *„Ich bin aufgerichtet und eine Suchende nach dem Himmel"*

Elisabeth: *„Ich bin – verspielt, bewegt, ein Schmetterling"*

Kapitel 2

Uli: *"hässlich – zerbrechlich"*

Tania: *"Ich bin meine ungestalte, kraftvolle Lava"*

Kapitel 2

a) in ihren Körper und unterschiedliche Körperteile
b) in den Raum, mit unterschiedlichen Raumwegen und Richtungen
c) in unterschiedliche Levels
d) in die Wahrnehmung des Gefühls, das im Tanz auftaucht
e) in die Wahrnehmung des eigenen Atems, der die Bewegung unterstützt
f) in Körperformen (Shaping) und deren Veränderungen
g) in die Wahrnehmung von Tanzmotiven, die im Augenblick entstehen
h) in unterschiedliche Tempi

Das Tanzen nachwirken lassen und Bewegung bewusst machen
Anleitung des Coach:
„Wenn die Musik verklingt, lasse Deine letzte Bewegung ausklingen. Halte diese Form einen Moment in der Stille. Spüre nach, wie sich diese Gebärde, diese Körperform anfühlt. Schließe einen Moment die Augen und spüre nach: Wie ist Deine Körperform im Raum? Wie ist Dein Kontakt mit der Erde?"

C. Repetieren

„Gehe nochmals in Deine Bewegungen. Nimm wahr, ob es Motive gibt, die Du gerne wiederholen möchtest. Wie ist Deine Anfangsposition im Raum? Wie ist Deine Schlussposition im Raum?"

D. Anerkennen

Wir kommen zu einem Schlusskreis. Jede Person bringt ihr Bild und ihr Geschriebenes mit in den Kreis. Jede Person kann ihr Bild, ihr Thema und ihre Tanzerfahrung mitteilen.

Leitfragen für den Austausch im Plenum (ca. 15 Min.):
„Was ist heute im Explorieren und Entdecken, beim Malen, Schreiben und Tanzen für Dich entstanden?"
„Gab es etwas, das Dir besondere Freude gemacht hat?"
„Was war hilfreich?"
„Gab es etwas, das für Dich schwierig war und was Du sonst noch gerne mitteilen möchtest?"

Kapitel 2

Kommunikation im Tanz
Ziel: Tanzmotive bewusst machen, Bewegungsrepertoire erweitern. Oktober 2009

A. Partnerarbeit
Die Kommunikation findet ausschließlich in der Bewegung statt. Es ist eine Tanzimprovisation und ein gegenseitiges Anreichern des Bewegungsrepertoires.
A improvisiert ihr Solo, bringt die Tanzmotive ein, die für sie bedeutsam sind.
B begleitet A im Tanz, hat die Freiheit, Bewegungen zu spiegeln, zu rhythmisieren, zu variieren, zu kontrastieren. Sie bringt Veränderungen und Überraschungen durch ihre Reaktion und intuitives tänzerisches Handeln.

B. Austausch im Gespräch
A tanzt ihren Tanz so lange, bis die Musik langsam ausgeblendet wird. Sie friert die letzte Bewegung ein und lässt sie noch einen Moment stehen, so wie gerade eben. Wenn alle zum Abschluss gekommen sind, bekommt jede Tänzerin von ihrer Partnerin eine kurze Rückmeldung.
Leitfragen für die Rückmeldung sind:
a) Welche Bewegungsmotive sind mir spontan in Erinnerung?
b) Welche Raumwege, Tempi, Übergänge konnte ich wahrnehmen?
c) Welche Emotion tauchte auf? Welche Assoziation, welche Vision?
Anschließend fand ein zweiter Durchgang mit Rollenwechsel statt.

Bildmotive tanzen
Ziel: Einen besonderen Bildausschnitt in Tanz übersetzen. November 2009
Vorbereitung: Bilderrahmen aus einem DIN A4 Papierblatt fertigen.

A. Gruppenarbeit: Bildausschnitt tanzen
Eine Person markiert mit dem Rahmen einen Ausschnitt aus ihrem Bild, der von der Gruppe getanzt werden soll. Aufgabe der Gruppe ist es, dieses Motiv in einer Tanzimprovisation zu bewegen. Die Person, die das Bild gemalt hat, ist die Zuschauerin. Sie darf sich überraschen und bereichern lassen.

B. Die Tänzerinnen geben nach der Improvisation ihre Wahrnehmungen, Gedanken und Assoziationen, die sie im Bewegen des Motives bekommen haben, für die Zuschauerin wieder.

Kapitel 2

C. Die Zuschauerin gibt ihre Rückmeldung an die Tänzerinnen
Welche Bewegungen waren für sie als Zuschauerin interessant?
Was hat inspiriert zur Weiterarbeit?

D. Selbstständige Weiterarbeit
Schreibe aus Deiner Erinnerung zum Ausschnitt Deines Bildes, das die anderen für Dich getanzt haben.
Male nur diesen Ausschnitt in vergrößerter Form.
Bewege und tanze selbst dieses Motiv.
Bereite bis zum nächsten Mal eine kurze Präsentation in Bild, Wort und Tanz vor, ca. 2 Min. Länge.

Schreiben, Tanzen und Sprechen
Ziel: Tanzen und Sprechen im Solo miteinander verbinden, Dezember 2010

A. Raumvorbereitung:
Jede Person darf sich einen Platz suchen und ihr(e) Bild(er) aufhängen. Wir machen eine Vernissage. Vor ihr Bild legt jede Person ein leeres Blatt und einen Stift. Auf das Blatt werden drei Kategorien geschrieben:
a) Physisch (das, was Du auf dem Bild sehen kannst, z. B. in Bezug auf Formen, Kraft, …)
b) Emotion (das, was Du bei der Betrachtung des Bildes fühlst)
c) Imagination (Welche Assoziation/Vision taucht für Dich auf?)

B. Gang durch die Ausstellung und intuitives Schreiben
Beim Gang durch die Ausstellung darf jede Person zu jedem Bild, bzw. zu den Begriffen, die sich auf die Bildbetrachtung beziehen, intuitiv etwas dazu schreiben.

Es waren ca. 10 Minuten Zeit, die Bilder zu betrachten und spontan Eintragungen in die vorbereiteten Tabellen zu machen. Anschließend kam jede Person wieder zu ihrem eigenen Bild zurück.
a) „Nimm die geschriebenen Geschenke in Empfang. Lass Dich überraschen, lass Dich inspirieren. Ergänze und schreibe, was Dir selbst noch dazu einfällt." (ca. 10 Min. Zeit)
b) „Komme allmählich zum Ende mit dem Schreiben. Wähle Dir aus jeder Kategorie ein oder zwei Begriffe aus, die für Dich interessant sind und markiere sie."

c) „Entscheide Dich jetzt für einen Begriff pro Kategorie und formuliere einen Satz der beginnt mit: Ich bin ... Der Satz sollte das wiedergeben, was für Dich im Moment die Botschaft Deines Tanzes am besten trifft. Schreibe diesen Satz auf die Rückseite deines Bildes."

Beispielsätze, die aufgeschrieben wurden:
„Ich bin aufgerichtet und suche den Himmel."
„Ich bin meine ungestalte, kraftvolle Lava."

C. Partnerarbeit: Tanz und Sprache
Person A ist die Tänzerin. Sie spricht, während sie tanzt, nach und nach ihren Satz. Die Worte kommen in Abständen. Das Sprechen beginnt für alle mit: „Ich ...", dann kommt dazu „Ich bin ..." usw. Die Länge des Tanzes gestaltet sich individuell, ca. 2 Min., ich gebe nach 2 Minuten ein Signal mit der Klangschale.

Person B ist Coach. Sie hält das Bild hoch, so dass die Tänzerin es sehen kann, während sie tanzt. Die Coaching-Frau begleitet und unterstützt die Tänzerin mit ihrer Stimme bis zum Ende ihres Tanzes. Sie wiederholt und spricht mit ihr die Worte und den Satz, der sich allmählich aufbaut. Wir warten, bis alle Paare fertig sind und tauschen dann die Rollen.

D. Das Solo-Werk würdigen
Austausch im Plenum:
Wie erging es Dir in Deiner Rolle als Coach, und wie erging es Dir in Deiner Rolle als Tänzerin?

Soli-Werke festigen
Ziel: Struktur geben, Januar 2009

A. Jede Tänzerin wiederholt für sich ganz in Ruhe ihr Solo
Folgende Fragen helfen den Ablauf zu rekonstruieren:
a) Wo ist Dein Ausgangsplatz im Raum?
b) Wie ist Deine Körperform zu Beginn?

Kapitel 2

Kapitel 2

81_ Vgl. Neuner, Ursula Anna (2007): Beispiele zu den vier Grundstrukturen der Laban-Bewegungsanalyse. Anhang, A 2

c) Wohin geht mein Focus?
d) Beim Wiederholen beachte:
Übergänge – wie komme ich von einem Bewegungsmotiv zum nächsten?
Bewegungen dürfen und sollen sich wiederholen – in die Wiederholung evtl. Tempo- und Richtungsveränderungen einbauen.

B. Arbeite an Deinem Solo folgende Aspekte heraus:[81]

a) Raum
Welche Raumwege lege ich zurück? In welche Raumrichtung? Levels? Tiefes, mittleres, hohes Level? Direkte / indirekte Bewegungen?

b) Form
Körperformen: dreidimensional (Räume im Körper entstehen lassen)
weit, eng, ausbreiten, zusammenziehen, minimalistische Bewegungen

c) Kraft, Dynamik
Leicht – fest, wieviel Kraft setzt Du ein, woher kommt die Kraft, der Impuls? Spüre Dein Gewicht! Drehungen? Sprünge?

d) Zeit
schnell – langsam, wechselnde Tempi?
Gibt es Dynamik in Deinen Abläufen; z. B. beschleunigen, verlangsamen, innehalten?

Soli-Werke zum Abschluss bringen
Ziel: Wiederholen und Festigen des Ablaufes, Februar 2010
Raumvorbereitung: Jede Person hängt ihr Bild im Raum gut sichtbar auf.

A. Im Betrachten Kontakt aufnehmen mit dem Bild:
a) Betrachtung aus verschiedenen Entfernungen, Richtungen und Perspektiven
b) Gedanklich sich ins Bild hineinbewegen, wo zieht es meinen Blick hin, wo beginne ich?
c) Tanze und erlaube Dir, während Du tanzt, immer wieder den Blickkontakt mit Deinem Bild!

B. Sicherheit gewinnen im Ablauf und Struktur festigen.
Die Wiederholungen finden ohne Musik statt. Alle Tänzerinnen tanzen gleichzeitig. Zeitvorgabe 2 Min., insgesamt 3 Durchgänge.

Bei jeder Wiederholung der Solo-Tanz-Improvisation leite ich in meiner Rolle als Coach die Aufmerksamkeit auf einen anderen tänzerischen Aspekt, z. B. auf den Raum-, Form-, Zeit- und Kraftaspekt.

C. Nachbesprechung
a) Welche Fragen tauchen auf?
b) Wo gibt es noch Schwierigkeiten?
Es kristallisiert sich die Frage und das Thema heraus: Wie kann man die Übergänge noch flüssiger gestalten?

D. Wer will sein Solo zeigen und Rückmeldungen bekommen?
Rita zeigt ihr Solo.
a) Die Gruppe gibt ihr Rückmeldung zu den Faktoren: Raum, Form, Zeit und Kraft.
b) Rita erzählt, wie es ihr beim Tanzen vor den Zuschauerinnen ergangen ist.

E. Solo-Tanz schriftlich dokumentieren
„Nimm Dir noch ca. 10 Min. Zeit und finde eine Form, Dein Solo zu notieren. Farbe und Zeichen können Dir helfen, die Raumwege, Formen und die Dynamik festzuhalten. Erfinde Deine eigene Farb- und Zeichensprache, so dass Du Dein Solo beim nächsten Mal direkt reproduzieren kannst!"

Aufzeichnen der Soli März 2010
Raumvorbereitung: Mit einem Klebestreifen markieren wir eine Raumabgrenzung, so dass ein Bühnenraum entsteht und ein Zuschauerbereich.

Wahrnehmen und Würdigen der Soli-Werke
Jeweils eine Person tanzt ihr Solo-Werk. Die anderen Tänzerinnen sind die Zeugen. Die Soli-Werke werden mit der Videokamera aufgezeichnet. Jede Präsentation bekommt Anerkennung und Applaus. Länge pro Solo-Werk ist ca. 2 Min.

Erfahrungen kommen zur Sprache
Vorbereitung der ästhetischen Analyse-Interviews unter Anwendung des Akronyms OPER
Die ästhetische Analyse nimmt im methodischen Vorgehen der Dezentrierung einen wichtigen Platz ein. Sie bezieht sich auf das Werk und dessen Entstehungsprozess. „Sie tut dies in einer beschreibenden, möglichst konkreten und detaillierten Sprache."[82]

Kapitel 2

82_ *Eberhart, Herbert/ Knill, Paolo J. (2009): Lösungskunst. S. 169*

Kapitel 2

Wenn wir uns auf künstlerisches Handeln einlassen, ist darin so etwas wie eine Eigendynamik, es führt meist zur Entstehung eines Werkes. Dieses Dritte im Bunde ist wie ein „angekommener Gast", um den sich Coach und Klientin bemühen. „Die Begegnung mit dem künstlerischen Werk entspricht der Begegnung mit einem Gegenüber, das sich entwickelt, sich dem Betrachter verschiedenartig zeigt und Überraschungen birgt, das also sozusagen Charakteristiken eines lebendigen Gegenübers besitzt.".[83]
„Das künstlerische Werk ist dann ... sozusagen ein Bote, der in unserer Kultur verankert ist, mit uns in Zwiesprache treten will und sich in einer Reflexion zu Wort meldet."[84]

Der Begriff „Ästhetik" ist in den EXA und damit im ästhetischen Analyse-Interview auf die Sinne bezogen: „In unserem Verständnis ist Ästhetik die Logik der Sinne; durch die Sinne soll Sinn erfahren, erlebt und wahrgenommen werden. Wir leiten den Begriff „Ästhetik" aus dem griechischen Stamm *aisthesis* ab. Er wird aus dem Altgriechischen mit *Atem*, aus dem Neugriechischen mit *über die Sinne* übersetzt. Im sprachlichen Ausdruck einer ästhetischen Erfahrung werden Hinweise auf die entsprechenden Sinne erkennbar: „Ich bin berührt", ...".[85]
Da es sich bei den entstandenen künstlerischen Werken um Tanz-Soli handelte, diente die Videoaufnahme als Grundlage für die ästhetischen Analyse-Interviews. Zu Beginn eines jeden Gesprächs nahm ich mir mit jeder Tänzerin Zeit, ihr Solo-Werk anzuschauen. Als Coach waren für mich die sichtbaren Tanzbewegungen, die gesprochenen Worte und der Körperausdruck der Person konkrete Inhalte, auf die ich mich im Gespräch beziehen konnte.

In meiner Vorbereitung auf die Interviews erarbeitete ich einen Fragenkatalog nach dem Leitfaden des Akronyms. Das O steht für Oberfläche. Damit ist die phänomenologische Manifestation gemeint, die im Tanzsolo sichtbar und hörbar wurde. P steht für Prozess und für alles, was den Prozess in Gang gesetzt, unterstützt oder auch behindert hat. E steht für Erleben. Dazu gehören emotionale Komponenten und Überraschungen. R steht für Richtungsweisendes, z. B. Fragen, welche die Vollendung des Werkes betreffen oder ein Titel für das entstandene Werk.[86]

Der Fragenkatalog war hilfreich, um die Reihenfolge der Analyseebenen in der Aufmerksamkeit zu behalten. Die Auswahl der Fragen orientierte sich im Interview an der Situation und der Person.[87] Im Kontext des Projektes bezeichne ich die ästhetischen

83_ Eberhart, Herbert/ Knill, Paolo J. (2009): Lösungskunst. S. 169
84_ Ebd. S. 50
85_ Ebd. S. 102
86_ Vgl. Ebd. S. 124 f
87_ Vgl. Eberhart, Herbert/ Knill Paolo J.: Lösungskunst. Leitfaden für die Ästhetischen Analyse-Interviews. Anhang, A 3

Analyse-Gespräche als ästhetische Analyse-Interviews, da es sich in diesem Fall um acht Gespräche handelt, die vergleichbar sein sollen. Ich versuche, gleiche bzw. ähnliche Fragestellungen zu verwenden.

Die tanzspezifischen Fachbegriffe, die sich auf die Beschreibung des Werkes bezogen, basieren auf der Tanztheorie nach Rudolf von Laban. Sie beziehen sich auf die Faktoren Raum, Zeit, Dynamik und Kraft.[88] Eine übersichtliche Zusammenstellung von Beispielen zu den vier Grundstrukturen der Laban-Bewegungsanalyse findet sich im Anhang.[89]
Jedes Interview wurde mit Erlaubnis der jeweiligen Tänzerin mit dem Diktaphon aufgezeichnet und für die Bearbeitung in die Schriftform übertragen. Das war die Grundlage, um die Antworten der unterschiedlichen Personen am Ende miteinander vergleichen zu können. Die Zusammenfassung und Dokumentation erfolgt im dritten Kapitel des Buches.

Im ästhetischen Analyse-Interview ist die Vorgehensweise phänomenologisch. „Die Phänomenologie, die Lehre von den Erscheinungen, von dem, wie sich etwas zeigt, will sich an den Sachen selbst orientieren. Sie ist am Eigentlichen der betrachteten Inhalte interessiert und bemüht sich ebenso um die genaue Beschreibung des Einzelfalls."[90] Wir interpretieren nicht, wir bemühen uns, an der Oberfläche dessen, was sich zeigt, zu bleiben.

Durchführung – ein exemplarisches Beispiel
Ästhetisches Analyse-Interview mit Elisabeth H.[91]

U.: Deine Wortwiederholung „binbinbinbin" klingt fast wie eine Melodie, leicht und summend. Das hat meine Aufmerksamkeit gleich in Bann gezogen. Als wir jetzt zusammen Dein Solo in der Videoaufzeichnung angeschaut haben, sind mir Deine kreisenden Raumwege besonders aufgefallen. Du gehst in einen großen Kreis um die anderen herum, aber auch Deine Arme machen kreisende und runde Bewegungen. Sie wirken auf mich öffnend und großzügig. Das ist für mich etwas Markantes an Deinem Solo. (O) **„Wie würdest Du Dein Solo-Werk beschreiben?"**

E: Für mich war die Qualität meiner Bewegung wichtig, zuerst zögerlich, vorsichtig, zart und leicht. Auch dieses In-verschiedene-Richtungen-Gehen, alles von allen Perspektiven zu betrach-

Kapitel 2

88_ Vgl. Bender, Susanne (2007): Die psychophysische Bedeutung der Bewegung. Anhang, A 1
89_ Vgl. Neuner, Ursula Anna (2007): Beispiele zu den vier Grundstrukturen der Laban-Bewegungs-analyse. Anhang A 2
90_ Eberhart, Herbert/Knill, Paolo J. (2009): Lösungskunst. S. 168
91_ Neuner, Ursula Anna (2010): Ästhetisches Analyse-Interview mit Elisabeth H., Augsburg, 06.10.2011

Kapitel 2

ten und herumflattern, war für mich das Motiv „Schmetterling". Da kam ich dazu, nachdem wir gemalt hatten. Es war für mich diese Form, die durch die Mitte kreuzt, die hatte für mich etwas von einem Schmetterling.

U: *Du hast gerade von Deiner Malerei gesprochen, mit der sich das Motiv des Schmetterlings entpuppt hat. (P)* **Gibt es im künstlerischen Prozess etwas, das für Dich in der Entwicklung Deines Solos unterstützend war?**

E.: Ja, was mir am intensivsten in Erinnerung ist, ist folgendes: Es war ziemlich am Anfang: Wir haben zu zweit getanzt und jede hat auf die Motive ihrer Partnerin reagiert, hat sie aufgegriffen. Wir haben damit gespielt. Es hat einfach Spaß gemacht. Das Wort „bin" und das Spiel mit dem „bin" ist in dem dialogischen Spiel mit Hermine entstanden. Da sind auch meine Raumwege entstanden. Es ist das Herumflattern entstanden. Das Sprachmotiv und die Raumwege wären ohne ein Gegenüber nicht entstanden.

U.: *Da habt ihr euch praktisch im tänzerischen Dialog gegenseitig bereichert. (P)* **„Gab es noch etwas im Entstehungsprozess, das Dir Impulse gegeben hat?**

E.: Das Solo alleine zu tanzen und die anderen schauen zu, hat für mich noch mal einen starken Impuls gesetzt. Das Solo hat sich dadurch wieder verändert, weil ich den vollen Raum zur Verfügung hatte. Ich hatte eine andere Konzentration, und es war die Herausforderung, es jemandem zu zeigen. Dadurch hat mein Solo wieder eine andere Form bekommen und ich habe mich getraut, die Sprache stärker wirken zu lassen. In diesem „Ich bin" ist für mich die Verwunderung mit drinnen: „Ja, ich bin!"

U.: *Ja, die Stelle, wo Du es aushältst, stehen zu bleiben und dieses „Ich bin" zu sprechen, das fand ich sehr beeindruckend. Das kommt für mich sehr stark herüber. Einfach nur stehen, ohne eine Aktion zu machen und ganz präsent sein."*

E.: Für mich ist das so genau richtig. Zuerst flattere ich nur so herum, dann entfalte ich mich, und dann bin ich einfach nur da.

U.: *(P)* **Erinnerst Du Dich an etwas, das Dich im Prozess eingeschränkt hat, das hinderlich war?**

Kapitel 2

E.: Nein – ich lasse mich eigentlich nicht stressen von Vorgaben.

U.: (P) *Du sagst „eigentlich", gab es evtl. doch etwas, das für Dich Stress bedeutete?*

E.: Ja, z. B. das Schreiben zu den Begriffen. Da kam für mich zunächst nichts Konkretes raus. Ich nahm es dann einfach so hin und versuchte mich nicht zu verkopfen, weil ich weiß, dass ich dann nichts zustande bringe.

U.: Du hast Dich dann frei gemacht von den Vorgaben und gingst Deinen eigenen Weg im Prozess weiter. Da warst Du ganz eigenverantwortlich und hast so gehandelt, wie es für Dich gut war. Ja, so sollte es sein. Da will ich Dir meine Anerkennung für Deine bewusste Wahrnehmung aussprechen. (E) *Gab es im Entstehungsprozess auch Überraschungen?*

E.: Ja, für mich waren Überraschungen und Freude mit dabei. Ich habe im Gegensatz zu meiner Erwartung, dass Schwere kommt, dieses „Ich bin" erlebt und die Freude darüber kam heraus. Das war für mich das Stärkste. Das konnte ich ja nicht vorausplanen.

U.: Das ist interessant. Es ist das Gegenteil von dem geschehen, was Du erwartet hast. Das ist eine großartige Überraschung! Da freue ich mich mit Dir! (E) *„Kommt diese Freude in Deinen Tanzbewegungen zum Ausdruck?*

E.: Die Überraschung und Verwunderung kommt im ersten Teil, da wo ich hochkomme und dann einen großen Kreis ziehe und den Raum erkunde und das „ich bin" spreche. Dass ich das machen darf, und dass es Spaß macht und vielleicht auch, dass ich da an diesem Ort, wo ich heraufgekommen bin, Dinge zurücklassen kann. Da ist die Aufrichtung und ich genieße es, den ganzen Raum zu nutzen. Und dann komme ich nach diesem Herumflattern, das für mich den Schmetterling symbolisiert, wieder an dem gleichen Platz, an dem ich mich aufgerichtet hatte, zur Ruhe.

U.: (E) *Jetzt wo Du es formulierst, sehe ich, dass Du wieder zum gleichen Platz zurückkehrst. Hat es für Dich eine besondere Bedeutung dort abzuschließen, wo Du begonnen hast?*

E.: Ja, da ich zu mir stehe und auch zu dem, was ich loslasse. Ich bin ruhig und präsent. Das ist für mich eine gute Form, zu mir zu stehen.

Kapitel 2

U.: Ja, ich erinnere mich, dass Du auch die Arme ausgebreitet hast, während Du ganz ruhig stehst.

E.: Das ist so dieser Übergang für mich, einfach nur da sein und mich von nichts mehr außen herum beeinflussen lassen. Ja, das Stehen mit den ausgebreiteten Armen, dann gehe ich vor und gehe zurück und dann spreche ich: „Da bin ich" – das ist eigentlich schön.

U.: (E) Ja, das ist wirklich ein sehr schöner Abschluss Deines Solos. Es beeindruckt mich in seiner Ehrlichkeit und Einfachheit. (E,R) **Bist Du zufrieden mit Deinem Tanz-Solo-Werk?**

E.: Ja ich bin zufrieden. Ich erlebe das Solo als stimmig, ohne vom Kopf gesteuert zu sein. Das finde ich so schön an dieser Art, wie wir gearbeitet haben.

U.: Wir haben noch etwas Zeit bis zur Performance auf der Bühne. (R) **Braucht Dein Werk noch etwas?**

E.: Das Verwundert-Sein darf sich noch mehr durch mein Solo ziehen und die Freude. Das könnte sich noch steigern, noch dynamischer sein. Ich brauche noch etwas mehr Zeit und Raum, z. B. beim Aufrichten am Anfang und wenn ich das „Ich bin" spreche.

U.: Was mir dazu einfällt: Das Aufrichten könnte noch langsamer und dadurch bedeutungsvoller werden. Deine Freude kommt für mich auch durch Deine Drehungen zum Ausdruck. Vom „Verwundert-Sein zur Freude" – das könnte eine Dynamik geben, je nach der Form der Drehung, z. B. eine Drehung mit mehreren Schritten, oder eine schnelle Drehung auf einem Bein. (R) **Gibt es noch etwas, das Dir wichtig ist?**

E.: Ja, wichtig ist mir, dass ich auf den gleichen Platz zurückkomme. Ich komme da zur Ruhe, wo ich begonnen habe. Das macht mein Solo rund.

U.: Das „binbinbinbin" ist die Präsenz, die Du in den Raum bringst und Dein Titel ist zum Titel der Performance geworden. Du präsentierst die Präsenz und die Freude. Du hast eine tragende Rolle und Dein ‚binbinbinbin' soll bei den Zuschauern deutlich ankommen. Du sprichst für uns alle!

E.: Da bin ich aber gespannt, wie es dann wird, wenn wir es wieder alle gleichzeitig tanzen. Ich hatte mehr Raum und für mich war es klarer, als ich es alleine getanzt habe. Wenn alles gleichzeitig läuft, ist mir der Raum nicht so bewusst.

Kapitel 2

U.: Wenn wir auf der Bühne sind, ist der Raum klarer abgegrenzt als im Tanzraum und wir werden uns bis dahin noch Zeit nehmen, um Sicherheit im Ablauf und im Raum zu bekommen. *(R) Deine Wortwiederholung im Solo ist: „Ich bin - binbinbinbin" – willst Du noch Worte dazunehmen?*

E.: Es ist einfach so, wie es ist. Wenn ich da noch mehr Worte dazu sagen würde, käme es mir so vor, als würde ich einen Rahmen um etwas ziehen, der begrenzt und kopfig macht.

U.: *(R) Dann kommen wir allmählich zum Abschluss unseres Gespräches. Ich möchte Dich noch gerne fragen, ob es für Dich eine Erfahrung aus diesem kreativen künstlerischen Prozess gibt, die in Deinen Alltag hineinwirkte?*

E.: Das ist jetzt schwierig zu beantworten. Es ist für mich so etwas wie eine Parallelwelt. Wenn ich in diesem kreativen Raum bin, haben die Themen des Alltags keinen Platz. „Pfeif drauf", das bedeutet, mein Beruf und alle Ziele und Pläne des Alltags haben da keine Bedeutung. Vom künstlerischen Prozess nehme ich auf alle Fälle etwas mit in meinen Alltag: das Wissen um eine andere Welt und vielleicht noch viele andere Welten, die nebeneinander bestehen. Ich erlebe, dass ich etwas an einem Ort stehen lassen kann, dann gehe ich weg, so wie in meinem Solo und ich komme wieder zurück und bringe etwas Neues mit.

U.: *(R) Kannst Du dieses Neue, das Du in Deinen Alltag mitnimmst, wenn ich das so richtig verstanden habe, noch konkreter benennen?*

E.: Es ist die Leichtigkeit und die Freude, die auf jeden Fall mitgeht.

U.: *Gibt es noch etwas, das Du abschließend gerne sagen möchtest?*

E.: Ja, ich finde das alles sehr spannend, da ich zum ersten Mal in einem Tanzprojekt mitmache und es ist wie so oft im Leben, es passiert alles mögliche gleichzeitig.

U.: *Danke Elisabeth für dieses persönliche Gespräch und für Dein Vertrauen. Ich freue mich auf die Weiterarbeit in der Solo-Coaching-Stunde und bin schon sehr gespannt, wie der Choreografie-Prozess weitergeht.*

Kapitel 2

Für die folgende Dokumentation von Erfahrungen wähle ich aus den ästhetischen Analyse-Interviews Antworten aus, die sich auf den Prozess (P) und das Erleben (E) beziehen. Sie sind im Rückblick auf die Methode und ihre Wirkung bedeutsam und werden auch für zukünftiges Arbeiten fruchtbar.

Dokumentation von Erfahrungen in Bezug auf den Prozess

In den aufgezeichneten ästhetischen Analyse-Interviews konnte ich auf die Frage: „Was war für Dich im Entstehungsprozess Deines Solo-Werkes hilfreich?" folgende Antworten finden:

Anja W.:
Die Sequenz, wo wir durch die „Ausstellung" gingen und jede Person konnte ewas auf die vorbereiteten Blätter schreiben. Ich bin dadurch zu den Begriffen „Sonnenrad" und „Leichtigkeit" gekommen.

Barbara K.:
Unterstützend war für mich deine Anleitung und besonders das Malen. Ich hatte auch die Bilder zuhause aufgehängt und habe sie immer wieder auf mich wirken lassen und mich dazu bewegt.

Edeltraud S.:
Die anderen haben mir Worte zu meinen Bildern gegeben, dann habe ich daraus wieder meine eigenen Worte und dann auch wieder meine Bewegungen gefunden.

Elisabeth H.:
In Erinnerung ist mir die Partnerübung ziemlich am Anfang unseres Prozesses. Wir haben zu zweit getanzt und jede hat auf die Motive ihrer Partnerin reagiert, hat sie aufgegriffen. Wir haben damit gespielt. Es hat einfach Spaß gemacht. Das Wort „bin" und das Spiel mit dem ‚bin' ist in dem dialogischen Spiel mit Hermine entstanden. Da haben sich auch meine Wege, die ich vorher festgelegt hatte, aufgelöst. Es ist das ‚Herumflattern' entstanden. Diese Motive wären ohne ein Gegenüber nicht entstanden.

Hermine B.:
Die verschiedenen Zeichnungen waren für das Entstehen meines Tanzsolos wichtig. Mit den Worten hat sich für mich noch mal etwas ganz Neues ergeben. Vor allem, die Begriffe und Worte laut auszusprechen. Ab dem Zeitpunkt, wo die Worte kamen, waren mir dann meine Abläufe ganz schnell klar und wurden wiederholbar.

Kapitel 2

Rita G.:
Ich erinnere mich an den Moment, wo ich getanzt habe, da haben die anderen meine Bewegungen oder meine Idee aufgegriffen und haben sie nachgetanzt.

Tania L.:
Die Partnerarbeit mit Tanzen und Sprechen war für mich sehr intensiv und hilfreich. Die Worte und das Sprechen hatten für mich eine große Kraft und ich habe zur Essenz meines Tanzes gefunden. Auch das Schreiben zu den drei Kategorien hat mir für die Weiterarbeit an meinem Solo geholfen. Da habe ich die Entscheidung getroffen, mich noch mehr in mein Schattenreich hineinzuwagen.

Uli V.:
Der Austausch und die Rückmeldung der anderen war gut für mich. Ich kann mich ganz konkret an die Rückmeldungen von Edeltraud und Anja erinnern.

Zusammenfassung
Jede Tänzerin hatte eine Erinnerung an etwas, das für sie im künstlerischen Prozess für die Entstehung des Werkes hilfreich war. Mehrmals genannt wurde, dass die „Kommunikation im Tanz" sehr bedeutsam war. Da haben sich Raumwege, Motive und Worte herauskristallisiert. Aus der Aussage von Elisabeth geht hervor, dass sich im tänzerischen Dialog neue überraschende Perspektiven ergeben haben.
Die Sequenz „Schreiben, Tanzen und Sprechen" gab Impulse, treffende Worte und Begriffe zu finden. Sie brachte Klarheit für die tänzerische Struktur und das Solo-Thema. Sie gab Impulse für die Weiterarbeit. In meinem Rückblick sehe ich alle Abschnitte der Wiederholung und des Nachwirkens als wichtig. Sie gaben Zeit zur Integration und Verarbeitung von Erfahrungen.

Dokumentation von Erfahrungen in Bezug auf das Erleben
Auf die Frage: „Gab es für Dich Überraschungen im künstlerischen Prozess?" konnte ich folgende Antworten finden. Fettgedruckte Passagen bringen bei jeder Tänzerin eine Überraschung in den Vordergrund.

Anja W.:
„Überraschend war für mich, dass ich zulassen konnte, **die Dinge kommen zu lassen wie sie kommen.** Oft bin ich dankbar für eine Struktur und möchte sie nicht mehr verlassen. Und da

Kapitel 2

konnte ich gut annehmen, dass es anders ist, als ich es mir vorher eingebildet hatte. *Die Überraschung war, dass etwas anderes dabei herauskommt als erwartet."*

Barbara K.:
„Die Überraschung war, dass sich meine Bewegung in der Weichheit löste. Ich glaube an die Weisheit des Körpers. *Mein Körper hatte mich auf einen Weg geführt, den ich mir im Kopf nicht ausgedacht habe."*

Edeltraud S.:
„Wenn ich den Verlauf meiner Bilder anschaue, *dann bin ich überrascht über das, was sich durch das Tanzen bewegt und verändert hat. Z. B. mein Ausdruck hat sich verändert.* Zuerst war ich ganz in mir und dann ging die Bewegung nach oben und nach außen. Zuerst war ich in einer engen und ungelösten Position und dann kam die Öffnung und die Bewegung nach oben zum Himmel. Es ist ein Gegensatz, der für mich zusammengehört. Im Betrachten der Bilder und im Gespräch fällt mir auf, dass beides in meinem Solo von Anfang an da war.

Elisabeth H.:
Ja, es waren Überraschungen und Freude mit dabei. *Ich habe im Gegensatz zu meiner Erwartung, dass Schwere kommt, dieses „Ich bin!" erlebt und in meinem Solo kam die Freude darüber heraus.* Das war für mich das Stärkste. Das konnte ich nicht vorausplanen.

Hermine B.:
„Überraschend war, dass meine Bewegungen in der Sequenz mit der Sprache relativ schnell sehr klar waren. Ich musste nichts mehr suchen. Das kenne ich sonst von mir nicht."

Rita G.:
„Und was für mich überraschend war, diese Glückseligkeit wieder zu spüren, diese tiefe Befriedigung, wenn ich etwas mit Lust und Freude mache. Dann hat die Angst keinen Raum!"

Tania L.:
„Ich habe mich getraut, in meine innere Lava- und Schattenwelt hineinzutanzen, ohne zu wissen, was dabei herauskommt. Es hat sich etwas nach außen entladen und *die Überraschung war, dass ich dadurch umso intensiver bei mir selbst angekommen bin."*

Kapitel 2

Uli V.:
*„Manchmal habe ich das Solo auch zuhause auf dem Wohnzimmerboden gemacht. Das war sehr aufregend für mich mit allen Emotionen und Überraschungen, die da aufgetaucht sind: **Manchmal hatte ich Traurigkeit, manchmal war das Tanzen meines Solos stärkend für mich, manchmal war es sehr still, ganz klein, so etwas Unscheinbares hat es auch gehabt.** Manchmal war ich erschreckt über mich selber, was da an Gefühlen, an Kraft in mir schlummert und ich spürte, wie sich beim Tanzen eine Art Deckel hebt".*

Zusammenfassung

Mehrmals werden Freude und Leichtigkeit genannt, die im künstlerischen Tun als Überraschung spürbar wurden. Ja, sogar Glückseligkeit wird genannt. Überraschungen beziehen sich auf den Ausdruck und auf das Erleben von Gefühlen. Mehrmals wird erwähnt, dass die Überraschung darin bestand, dass etwas ganz anderes im Tun herauskommt, als erwartet. Es wird auch als ein Bei-sich-selbst-Ankommen bezeichnet.

Entwicklung der Choreografie
Der künstlerische Prozess

Der künstlerische Prozess wird im Sinne von Prof. Paolo Knill wie folgt verstanden: „Nur wenn das Werk als etwas Überraschendes entsteht, das nicht genau vorausgesagt werden kann, gilt es im Allgemeinen als künstlerisches Werk. Es geht demnach in diesem Prozess nicht darum, eine vorausgeplante Ordnung abzubilden, durchzuführen oder gar durchzusetzen. Wohl aber können Regeln, Methoden oder eine Vorgehensweise vorgegeben werden. Es muss jedoch noch soviel Chaos vorhanden sein, dass sich überraschende Entwicklungen ergeben können." [92]

Speziell zum schöpferischen Prozess im Tanz schreibt Margaret N. H`Doubler:
„The creative process is a cooperative activity: of the intellect, in construction form; of the emotions, the motivating force for expression; of the body, whose active joints (the skeletal instruments) and muscles (the movement medium) furnish the materials for the orgaizend external form; and finally of that intangible aspect of human personality, the spirit, which animates these activities with greater significance. A created dance is born of the personality. In creating external form, the personality is expandes in achieving a form of expression and communication. Thus the personality is active in its entirety." [93]

[92] Eberhart, Herbert/ Knill, Paolo J.: (2009) Lösungskunst. S. 185
[93] HDoubler, Margaret N. (1940): A creative art experience. S. XXiii

Kapitel 2

Der schöpferische Prozess ist ein Zusammenspiel oder eine cooperative Handlung: des Verstandes, in gestaltender Form; der Gefühle, als die motivierende Kraft etwas zum Ausdruck zu bringen; des Körpers, dessen aktive Gelenke und Muskeln den Stoff liefern für die äußere Form; und nicht zuletzt jene nicht greifbaren Bestandteile der menschlichen Persönlichkeit, des Geistes, der diese Handlung mit einer höheren Bedeutung beseelt. Ein kreierter Tanz wird aus der Persönlichkeit geboren. Um eine äußere Form zu kreieren erweitert sich die Persönlichkeit um Ausdruck und Kommunikation zu schaffen. In dieser Weise ist die Persönlichkeit in ihrer Ganzheit aktiv. In den entstandenen Soli-Gestalten ist dieser Prozess nachvollziehbar.

Solo-Coaching mit jeder Tänzerin

Am Ende des ästhetischen Analyse-Interviews kamen bei jeder Tänzerin auf die Frage: „Gibt es etwas, das Dein Solo-Werk noch braucht?" unterschiedlichste Anliegen zur Sprache. Sie bezogen sich sowohl auf die tänzerische und tanztechnische Arbeit, als auch auf die Sprache und Sprechtechnik.

Um diese Anliegen entsprechend zu bearbeiten, bot ich den Tänzerinnen Solo-Coaching-Sitzungen an. Da es um Tanz und Sprache ging, zog ich Karla Andrä, eine professionelle Schauspielerin, mit hinzu. Sie war daran interessiert, mit mir zusammen die Einzel-Coaching-Sitzungen durchzuführen. Alle acht Tänzerinnen vereinbarten mit uns einen Termin für eine Solo-Coaching-Sitzung.

Das folgende exemplarische Beispiel der Solo-Coaching-Stunde mit Anja W. soll unsere Vorgehensweise im Solo-Coaching veranschaulichen.

A. Eingangssituation

Ich stelle Karla und Anja einander vor. Karla stellt Fragen an Anja, die ihr Solo betreffen. Dann sprechen wir über das, was Anjas Solo-Werk noch braucht.

„Was ist Dein Anliegen für die heutige Coachingsitzung, was braucht Dein Werk noch?"

Anja W.:

„Im ästhetischen Analyse-Interview ist mir der Aufbau für mein Solo klarer geworden. Ich möchte gerne mehr Raum nehmen, um das Thema mit der Sonne und den Planeten, die im Universum kreisen, deutlicher zur Geltung zu bringen. Den Aufbau stelle ich mir so vor: Erst kreise ich um mich selbst, dann um die anderen, und dann wie auf einer Planetenbahn. Da kann ich Kreise, Drehungen und Tempobeschleunigungen mit hineinbringen. Zu Beginn meines Solo möchte

ich den Kontrast von der Tiefe zur Höhe klarer heraustanzen, vor allem die Leichtigkeit ist mir wichtig und der Ausdruck meiner Freude. Mit der Sprache tue ich mich schwer. Die Sprache ist etwas, das mich zunächst blockiert. Tanzen und gleichzeitig Sprechen hemmt mich, ich bin dann mehr im Kopf als im Körper. Ich hätte gerne, dass die Sprache locker und leicht wird. Ich würde auch gerne lauter sprechen, aber ohne zu schreien."

B. Ablauf der Coaching-Sitzung

Es kommt wieder das Akronym SERA als Leitfaden für den Ablauf der Sitzung zur Anwendung:

a) Sensibilisieren für Atem, Sprache, Sprechtechnik in Verbindung mit der Bewegung

Um gleichzeitig in den Körper und in die Stimme zu kommen, gingen wir in Bewegungen des Dehnens und Streckens, Steigens und Sinkens, dazu nahmen wir die Stimme mit, z. B. Seufzen beim Ausatmen und Sinken, Strecken und Dehnen mit „ahhh"! Bewegung und Stimme verschmolzen zu einer Einheit.

Karla erklärte dann, wie sie ihre Sprechtechnik praktiziert. Sie zeigte, wie sie beim Aussprechen von Konsonanten eine Kontraktion im Bauch und Zwerchfell macht und dadurch die Sprache von der Mitte stützt. Die Tänzerin darf ihre Hand auf ihren Bauch und Brustkorb legen und die Bewegung bei Karla spüren und dann selbst ausprobieren. Spürbar wird die Kontraktion beim Aussprechen der Konsonanten: „f", „t", „k", „p" und der Silben und Worte wie z. B. „ha", „ta", „ka", „weg", „komm", „hau ab", „komm her!" Wir spielen uns die Laute und Worte wie Bälle zu. Karla gibt sie an eine von uns beiden weiter und wir geben sie schnell im Kreis herum. Dann unterstützt eine Bewegung die Sprache, z. B. mit der Hand, mit dem Arm, mit dem Oberkörper; z. B. mit der Hand eine lockere Bewegung vom Körper weg machen und gleichzeitig das Wort „weg!" sprechen.

b) Explorieren und Entdecken
Wir experimentieren mit Bewegung und Stimme
Wir gehen in schwingende Bewegung, so dass der Bewegungsimpuls und der Sprachimpuls aus der Mitte kommen. Wir lassen die Mitte, das Becken schwingend fallen, wir spielen mit den Worten, die kommen. Wir beginnen mit: „Sonne", „Rad", „leicht", lassen dann spontan Wortkombinationen entstehen und erweitern die Bewegung zu Dre-

Kapitel 2

Kapitel 2

hungen, schwingenden Armen, Gehen und Laufen im 3er-Takt: „Sonne und Mond", „kreisen und drehen", „Freude und Licht".

Es entstand eine leichte, spielerische Bewegungs-Wort-Improvisation. Wir alle kamen in einen Sprach- und Bewegungsfluss. Das Spiel hätte sich „weiter und weiter", wie ein „leichtes, freudiges Sonnenrad" bewegen können. Wir improvisierten mit Bewegungen und mit Worten rund um das „Sonnenrad". Wir hatten Freude mit den schwingenden Bewegungen, die in der Körpermitte, im Becken verankert waren. Mühelos entstanden aus dem Hin- und Herwiegen Drehungen, Kreise, leichte Sprünge. Wie von selbst kam die schwingende Bewegung in einen 3er-Takt.

c) Repetieren
Karla geht als Zeugin nach außen, Anja und ich sind aktiv.
Take 1 (ca. 2 Min.)
Anja hat im Experimentieren neue Muster gefunden und Anregungen bekommen. Sie wiederholt nun Bewegungsmotive, die ihr besonders gut gefallen, lässt Kombinationen entstehen. Ich verstärke sie, indem ich Bewegungen kopiere, mit ihr im Kontakt tanze und spreche. Die Sprache ist manchmal Wiederholung, manchmal wie ein Dialog. Wir machen ein Zeitfenster von 2 Minuten, dann Stopp! Karla gibt Rückmeldung und Korrektur mit Schwerpunkt auf die Sprache.
Take 2 (ca. 2 Min.)
Dann tausche ich mit Karla die Rolle. Ich gehe nach außen als Zeuge. Wiederholen der Sequenz. Karla tanzt mit Anja, die ihren Ablauf festigt und wiederholbar macht. Ich schaue und gebe Rückmeldung mit Schwerpunkt auf die Tanztechnik und die Bewegungsmotive.
Take 3 (ca. 2 Min.)
Anja tanzt alleine und nimmt sich nun ihr ganzes Solo vor. Zeitvorgabe maximal 3 Minuten, dann Austausch und Gespräch zu dritt.

d) Anerkennen des Werkes - das Solo-Werk mit der Videokamera aufzeichnen
Anja ist nun zufrieden mit ihrem Solo. Ich zeichne es mit der Kamera auf. Wir schauen es noch gemeinsam an und machen ein Abschlussgespräch. Anja geht sehr zufrieden aus der Solo-Coaching-Stunde.

Es war für uns alle neu, eine Solo-Coaching-Sitzung mit zwei Coaches und einer Tänzerin zu erleben. Zusammenfassend steht fest: die Sitzung war fruchtbar, hat sowohl jeden Solo-Tanz, als auch die Sprechtechnik verbessert. Die Tänzerinnen haben Klarheit für die Struktur des Solos und Sicherheit im Tanzen und Sprechen gewonnen. Alle Tänzerinnen haben das Angebot des Solo-Coaching in Anspruch genommen.

Kapitel 2

Komposition Teil A: Gleichzeitigkeit der Soli
Das Thema für Teil A ist die Gleichzeitigkeit der Tanz-Soli, das Wiederholen, Vervielfältigen und Verdichten ausgewählter Motive. In einer Struktur für den ersten Teil der Choreografie werden Einsätze für die einzelnen Tänzerinnen festgelegt. Sie sind sukzessive. Der Score (Plan) gibt Struktur, lässt aber Freiräume für die Improvisation im Tanz und für die Sprachmuster.

a) Gleichzeitigkeit der individuellen Soli entsteht sukzessive:
Rita beispielsweise beginnt mit dem Schrei und dem Herumwälzen. Elisabeth startet, sobald sie den Schrei hört. Sie schließt nach dem Verklingen des Schreis an: „Ich bin"! usw.

b) Zwei Bewegungsmotive kombinieren und wiederholen
Edeltraud und Uli: zerbrechlich – eine Suchende

c) Verdichten der Motive in der ganzen Gruppe
Als „Schlüsselwort", das den Übergang in die dritte Phase von Teil A markiert hört man das Wort „Sonnenrad". Die ganze Gruppe wiederholt als Echo Wort und Bewegung. Verdichten bedeutet sowohl eine Komprimierung durch die Aufstellung im Raum, als auch das Vervielfältigen einer Bewegung in der Gruppe.
Am Ende von Teil A steht die Gruppe dicht im Pulk und hält in der letzten Bewegung inne. Es wird die Musik eingespielt und Teil B beginnt.

Komposition Teil B: Synchronizität der Gruppe
An dieser Stelle wird auf Kapitel 1 des Buches, Tänzerische Stilmittel, verwiesen. Dort wird Teil B der Choreografie ausführlich beschrieben.

Kapitel 2

94_ Kabat-Zinn, Jon (2007):
108 Momente der Achtsamkeit. S. 41 f
95_ Neuner, Ursula Anna (2011):
Tanzen – Brückenschlag in Gottes Gegenwart.
In: Pfarrbrief Kath. Pfarreiengemeinschaft
Utting – Schondorf, Jg. 20112, Nr. 5. S. 9

Was braucht das Werk noch für die Präsentation?

An erster Stelle steht Üben, soweit es die angefüllte Zeit vor einer Performance noch zulässt. Ein sicheres Fundament für das Gelingen jeder Präsentation ist, vertraut sein mit den tänzerischen Abläufen und während des Tanzens die Sinne und die Kommunikation mit Raum, Gruppe und Zuschauern offen zu halten. Das ist das Geheimnis der Präsenz.

Präsenz im Hier und Jetzt

Jon Kabat-Zinn, der seit mehr als 25 Jahren als Pionier der Ganzheitsmedizin gilt, gibt auf die Frage: „Können wir hier sein, wo auch immer wir sind?" folgende Antwort: „Die Verkörperung von Würde, sowohl innerlich als auch äußerlich, spiegelt unmittelbar die Souveränität unseres Lebens wider und strahlt sie aus – dass wir sind, wer und was wir sind, jenseits aller Worte, Konzepte und Beschreibungen und jenseits dessen, was irgendjemand über uns denkt, ja sogar jenseits dessen, was wir selbst über uns denken. Es ist eine Würde, die sich nicht durchzusetzen braucht – sie strebt weder auf irgendetwas zu, noch weicht sie vor irgendetwas zurück – ein Ausbalancieren in reiner Präsenz".[94]

In einem Interview bringe ich meine persönliche Erfahrung der Präsenz und Bühnenpraxis folgendermaßen zum Ausdruck: „Nur wenn ich in der vertikalen Ausrichtung verankert bin, kann ich im Tanz alle Bewegungen sicher machen: Drehen, Springen, Fallen, Rollen, Aufstehen. Sobald ich meine Haltung verliere, zum Beispiel die Ausrichtung in meiner Wirbelsäule in der Vertikalen, dann falle ich aus meiner Mitte und es gibt Chaos. Für mich ist das im Tanzen besonders spürbar. ... Im Tanzen bin ich sehr wach mit den Sinnen. Ich bin gleichzeitig präsent in mir selbst, im Raum, auf andere Personen und auf das Thema bezogen, das ich tanze. Nur dann transportiert sich meine Tanzbotschaft im vollen Ausdruck. Ich bin gleichzeitig innen und außen".[95]

Vertraut werden mit dem Bühnenraum

Für das Gelingen der Performance war es unerlässlich, vor der Generalprobe die Lichttechnik abzusprechen, einzustellen und den Ablauf des gesamten Programmes, das aus weiteren zehn Kurzchoreografien bestand, auf der Bühne zu proben. Das Vertrautwerden mit dem Bühnen- und Zuschauerraum und den Ablauf des gesamten Programmes zu tanzen, war für alle hilfreich und gab Sicherheit für den Auftritt.

Kapitel 2

Geistig einen Anker setzen

Vor dem Auftritt setzten wir einen geistigen Anker. Unser Ritual war und ist, uns hinter der Bühne zu einem engen Stirnkreis zusammenzufinden. Über die Aufmerksamkeit auf den Atem kommen wir zur Ruhe. Präsent sein im eigenen Körper ist das erste. Dann öffnen wir die Wahrnehmung für die Gruppe. Wir koordinieren uns mit dem Ein- und Ausatmen zu einer kleinen schwingenden Vor- und Rückwärtsverlagerung, wie ein Art Schließen und Öffnen. Diese kleine Bewegung zentrierte jede Person in ihrer körperlichen Aufrichtung und verband Atem und Bewegung. Der Blickkontakt mit den anderen gibt die Sicherheit, im Augenblick präsent zu sein. Dann öffneten wir unsere Sinneswahrnehmung für den uns umgebenden Raum und jede Person ging innerlich in das Thema, das für die Zuschauer präsentiert wurde.

Nach meinem Verständnis ist die Bühne kein Ort der Selbstdarstellung. Sie ist ein öffentlicher Raum, in dem sich Subjektives objektiviert. Die Choreografie *Ungestalt* brachte Themen wie z. B. „suchen", „fremd sein", „vertraut sein", „hässlich" und „zerbrechlich" in einer Gleichzeitigkeit von Tanz, Stimme, Sprache, Musik, Farbe und Charakter der Bühnenkleidung zum Ausdruck. Nicht die Person, die tanzt, ist „hässlich", ist „die Vertraute". Sie geht in die Rolle und zeigt das Thema durch Tanz und Sprache.

Prof. Paolo Knill sagte in der Veranstaltung Community-Art am 21. Juli 2009 in der Sommerschule in Saas Fee: *„Art is not reality – dance is not reality. It is imagination, it is composition."*

„Auf der Bühne stellen wir nicht unsere persönliche Realität dar, sondern die Kunst ist ein Abbild, eine Komposition von oder über etwas, das uns bewegt. Die Tänzerinnen stellen es für die Zuschauer dar. Die Katharsis geschieht im Zuschauerraum und nicht auf der Bühne."[96]

96_ Neuner, Ursula Anna (2009): Nicht veröffentlichte, persönliche Mitschrift der Veranstaltung: Knill, Paolo J.: Community Art, Sommerschule 2009, Saas-Fee CH

Kapitel 3

Soli mit nachhaltiger Wirkung Kapitel 3

**Darstellung der Soli, der nachhaltigen Erfahrungen
und meine ästhetische Antwort auf jedes Werk**

Dieses Kapitel ist der Darstellung und Würdigung jedes einzelnen Solo-Werkes und der nachhaltigen Erfahrungen gewidmet. Für jede Tänzerin wurden zwei individuelle Seiten gestaltet. Jedes Gedicht ist meine ästhetische Antwort auf das jeweilige Solo. Sie ist als poetische Antwort auf ein künstlerisches Werk zu begreifen, das mich berührt. Für mich sind alle Soli-Werke schön, auch wenn das jeweilige Thema nichts mit Schönheit zu tun hat. Der Tanz kommt von innen und die Bewegungen sind authentisch. Ausgewählte Fotografien geben Momentaufnahmen aus jedem Solo-Werk wieder. Die nachhaltigen Erfahrungen jeder Person sind ausgewählte, wörtliche Zitate aus den ästhetischen Analyse-Interviews. Die abschließende Frage in jedem Interview war:

„Gab es für Dich eine Erfahrung im künstlerischen Prozess, die in Deinen Alltag hineinwirkt?"

Die Frage konnte so gestellt werden, da zwischen dem praktischen Abschluss des Werkes und den ästhetischen Analyse-Interviews mehrere Monate Zeitabstand waren.

Kapitel 3

für anja

der herzenswunsch darf in erfüllung gehen

bewegt aus meiner mitte
ziehe ich meine kreise
in den raum des universums
luftig leicht leuchtend

greife nach den sternen
stetig wachsend
aus dunkler, begrenzter erde
dem licht entgegen

verwurzle mich im himmel
während ich meine irdischen spuren zeichne
geboren aus himmel und erde
bin ich leicht und schwer zugleich

das sonnenrad lächelt, sprüht orangerote funken und spricht:
„der herzenswunsch darf in erfüllung gehen"

Anja

„Ich bin ein leichtes, freudiges Sonnenrad"

„Ich nehme die Erfahrung mit, dass ich auch mal was loslassen kann, eine Struktur, etwas, an dem ich mich festhalte und dass es dann leichter sein kann für mich."

„Auch die Leichtigkeit nehme ich mit. Ich erlaube mir dann manchmal, die Leichtigkeit bewusst in meinem Alltag zu spüren."

„Das Tanzen bringt mir soviel mehr Klarheit, wie ich sie bisher durch keine Therapie bekommen habe."

Kapitel 3

für barbara

frühlingsgrüne sehnsucht erfindet das leben neu

du folgst der leisen vertrauten stimme
sie trägt dich auf grünen flügeln zu heiligen orten
artemis erwartet dich schon
und offenbart dir weisheit vergangener zeit

du schmeckst die farben
du fühlst die düfte
in weiche bewegung geraten
erfindest du das leben neu

Barbara

„Ich bin grünend in weiche Bewegung geraten"

„Das war, wie wenn ich einen Bissen von etwas genommen habe. Seitdem blieb etwas von diesem Geschmack. Ich tat etwas, das so ganz leise in mir da war. Es taten sich Wunder auf, ja, es ist unglaublich: Ich bekam einen tiefen Zugang zu meinem Weg. Er ist bunter geworden, er schmeckt mehr, er hat mehr Lebensqualität. Ich bemerke, dass ich mehr Farben sehe. Ich nehme plötzlich die Menschen anders wahr. Es war eine ganz tiefe Sehnsucht von mir, dieser inneren leisen Stimme zu folgen."

„Tanz hat für mich etwas Spirituelles. Mein Tanz ist eigentlich mein Gebet."

Kapitel 3

für edeltraud

himmlische entdeckung

weg gehen um wege zu gehen
vom sonnenrad zur ungestalten lava
himmel wo bist du?
ich kann dich nicht greifen
du unbegreifliches blau

umwege gehen um weg zu gehen
von den fremden am meer
himmel wo bist du?
ich kann dich nicht sehen
du unsichtbares blau

weg gegangen um mich selbst zu tanzen
und mich überraschend neu zu entdecken
tief in mir himmlisches blau zu finden
das mir unerwartet entgegenkommt
himmel da bist du ja!

Edeltraud

„Ich bin aufgerichtet und eine Suchende nach dem Himmel"

„Meine Lebensqualität hat sich erhöht und mein Leben hat sich dadurch verändert."

„Ich schöpfe aus dem Tanzen und Malen Lebensfreude und Leichtigkeit für meinen Alltag."

„Tanzen und Malen hilft mir, immer wieder zu meiner Mitte zurückzufinden."

„Im Tanzen bekomme ich einen wohltuenden Abstand zum Alltag."

Kapitel 3

für elisabeth

perspektivenwechsel

mutig stille stehn
tanzend kreisen ja ich bin
berg und schmetterling

Elisabeth

„Ich bin - Ich bin bin bin, verspielt, bewegt, ein Schmetterling"

„Vom Tanzraum nehme ich auf alle Fälle etwas mit in meinen Alltag: Das Wissen, es gibt noch viele andere Welten, die nebeneinander bestehen. Ich erlebe, dass ich etwas an einem Ort stehen lassen kann und ich gehe weg, so wie in meinem Solo, und ich komme wieder zurück und bringe etwas mit, vielleicht eine Überraschung."

„Das Tanzen und die Choreografiearbeit hatten für mich so etwas wie einen Ausflugscharakter, von dem ich etwas Neues in meinen Alltag mit hineinbringe."

Kapitel 3

für hermine

kraftplatz meer

vertraut mit fremden
fremd mit mir selbst
stopp stopp stopp

fremd vertraut fremd
alles dreht sich im kreis
stampfen und erden und drehen und
stopp

stilles verweilen am meer
vertraut mit den wellen
mal sanft und mal wild

weiter horizont öffnet den blick
vertraut mit mir selbst
spüre ich land unter meinen füssen

ebbe und flut
bringt ruhe und klarheit
so geht es und nicht anders

Hermine

„Ich bin eine Vertraute mit fremden Impulsen am Meer"

„Ich sehe jetzt Fremde mit anderen Augen."

„In meinem Beruf erlebe ich manchmal, dass Klienten Grenzen überschreiten. Ich spüre: Das geht mir zu weit! Mit der Erfahrung aus meinem Solo konnte ich jetzt in einer aktuellen Situation meine Grenzen klar machen und STOP sagen, SO UND NICHT ANDERS."

Kapitel 3

für rita

rote rollende kraft

entfacht dynamik und mut

zum häuten schicht für schicht

um mit jedem tanz neu geboren zu werden

Rita

„aaaaa.iiiiiiiiii.t.t.t.rr rrrrrrrt.t.t.t."

„Mit dem Tanzen kann ich mich häuten wie eine Schlange oder wie eine Zwiebel. Ich komme wieder zurück zum Wesentlichen, das eigentlich von Anfang an da ist."

„Im Tanzen spüre ich eine Verbindung zum Universum. Tanzen ist für mich wie Beten. Ich bringe darin meine Spiritualität zum Ausdruck."

„Beim Tanzen kann ich einfach nur sein. Da bin ich ganz bei mir. Mich führt die Lust und die Freude. Alles andere spielt keine Rolle."

„Beim Tanzen habe ich die Chance zu spielen, Bewegungen auszuprobieren und zu wiederholen. Ich lasse das Spielerische in meinen Alltag einfließen."

Kapitel 3

für tania

weise verwandlung

kraftvolle lava
wälzt schwarze schatten
auf der suche nach
vollkommenem weiß

blauer atem setzt den anker
sinkt in weiche bewegung
in die schützende höhlung
der muschelschale

licht durchdringt bewegtes blau
einatmen und ausatmen und
das Wunder geschehen lassen
perlmutt weise verwandlung

Tania

„Ich bin meine ungestalte, kraftvolle Lava"

„Der künstlerische Prozess hat für mich viel mit dem alltäglichen Leben zu tun: mich zeigen, wie ich bin und zu mir zu stehen, auch mit meinem Schatten, mit dem Dunklen, mit dem, was ich nicht mag. Ich möchte im Alltag immer authentischer werden. Meine Vorstellung ist, dass sich dann die Schatten allmählich lösen."

Kapitel 3

für uli

filigraner augenblick

die hexe reitet durch die nacht
bannt landschaften dunkler erinnerung
in ihrem flug durch die zeit

nacht weicht dem licht des tages
es schreibt dir seine botschaft
in die linke hand

du kennst die zauberformel

Uli

„hässlich - zerbrechlich"

„Tanzen bereichert mich. Es hilft mir, mein Leben zu gestalten."

„In meinem Solo hat sich für mich herauskristallisiert, das ich so formulieren möchte: Schau, ich zeig Dir, wie filigran, wie zerbrechlich das Leben ist."

Kapitel 4 — Performance und Feedback der Öffentlichkeit

Strahlkraft der Performance – Zuschauerinnen-Feedback

Nach der Performance im abraxas-Theater ließen Rückmeldungen einzelner Zuschauerinnen erkennen, dass sie sich vom gesamten Programm oder speziell von einzelnen Werken nachhaltig angesprochen fühlten. Hier einige Rückmeldungen, die mündlich, schriftlich und auch per Mail bei mir ankamen:

„Es war eine wunderschöne Aufführung mit viel Strahlkraft. Das Gedicht von Rose Ausländer inspirierte mich zu weiterer Darstellung von den Vokalen her, das belebte mich!" Gisela S.

„Ich wollte Dir meine große Anerkennung aussprechen, für diesen wunderbaren Abend. Es war, als tauchte man in eine Traumwelt ein. So ausdrucksstarken Tanz habe ich schon lange nicht mehr gesehen. Die Leichtigkeit der Bewegungen beflügelten mich und fast fühlte ich mich mit hineingenommen wie ein Schmetterling, der durch die Lüfte gleitet. Ja, dieser Abend war ein Erlebnis." Gabriele H.

„Eure Tanzperformance war ein Traum. Ein Seh- und Hör- und Spürgenuss. Es war ein richtiges Geschenk. Eine Nummer war schöner als die andere – die Zeit verging wie im Flug. Ganz beschwingt und erfüllt ging ich nach Hause. Danke!" Elisabeth R.

„Ungestalt hat einen bleibenden Eindruck hinterlassen. Tage später begrüßten wir uns noch mit diesem witzigen Blick durch die Brille." Eva und Dieter M.

Hexentanz – Zuschauer-Feedback

Michael S. formuliert seinen Eindruck im Gespräch mit mir folgendermaßen: „Ich sehe eine Spielstruktur – Wiederholungen – einen Heilprozess – kleine Äderchen – wie ein Netz, das sich ganz allmählich spinnt.
Das Ende des ersten Teiles ist abrupt „RRRRRRRRTT" – archaisch, erinnert mich an Marie Boine. Lautketten, die der Beschwörung dienen. Es finden sich Frauen zu einem Hexentanz, der den Betrachter am Ende aufrüttelt. Die Hexen machen da etwas: einen Zauber. Die Zuschauer wissen aber nicht wirklich, was der Hintergrund ist.
Rrrrrrrrrrrrrt! Die Buchstaben werden im wörtlichen Sinne zu Buch-staben, zu Runen, die gelegt werden und einen Zauber, eine Magie, eine Botschaft vermitteln."

Die Suchenden im Tanz - Augsburger Allgemeine Zeitung

An dieser Stelle möchte ich aus der Original-Rezension, die von der freien Journalistin Renate Baumiller geschrieben wurde, den Abschnitt wiedergeben, der sich auf die Choreografie *Ungestalt* bezieht.[97] Sowohl die original verfasste Rezension, als auch die gekürzte Form im Feuilleton der Augsburger Allgemeinen Zeitung ist im Anhang zu finden.[98]

Die Suchenden im Tanz

Renate Baumiller schrieb: „Kein Wunder, dass sich die zehn Frauen der „tanzwerkstattcompagnie" unter Leitung von Ursula Anna Neuner für Rose Ausländers kleines Poem begeisterten: `Alle Gestalten kommen aus der Ungestalt, ihre Wurzeln sind aus Luft, in ihr verwurzelt atmen alle Gestalten luftigen Zusammenhang` dichtete die große jüdische Lyrikerin (1901 – 1988) in *„Ungestalt"*.

Man kann diese Worte fast als künstlerisches Manifest für den ganz eigenen, Körper, Geist und Intuition verbindenden Performancestil lesen, den die Tanz- und Diplompädagogin seit nunmehr 17 Jahren in ihrer Augsburger tanzwerkstatt in die kreative Bewegungs- und Energiearbeit sowie ihren im zeitgenössischen Tanz verankerten Unterricht einfließen lässt.

Behutsam und exakt einstudiert, mit spürbarer Hingabe, tiefem Bewusstsein und sichtlicher Freude getanzt, machten die diversen Kurzchoreografien und Tanz-Projekte wie *„Ungestalt"* den Zuschauern im ausverkauften Abraxas unwillkürlich die luftigen Zusammenhänge dieser so wunderbar frei fließenden, ganzheitlichen Bewegungen deutlich.

Diese schulen zum einen die eigene Körpersensibilität, Koordination und Flexibilität und lassen zum anderen als universelle Ausdrucksform auch die achtsame Einbindung des Gegenübers zu. Die tanzenden Frauen spiegelten aber bei aller Konzentration auf die Balance, die Körpermitte oder den Atemfluss immer auch Emotionen wider.
So fanden sie ausreichend Raum, um in der Bewegung zu interpretieren, sich als `Suchende` zu definieren, die Zerbrechlichkeit oder auch die Fremdheit im eigenen Leben auszudrücken und aus der Erkenntnis der körperlichen Empfindung die Motive der individuellen Lebensgestaltung nachzuempfinden."

Kapitel 4

[97]_ *Baumiller, Renate (2011): Suchende im Tanz. Ungekürzte nicht veröffentlichte Rezension. Anhang A 5*
[98]_ *Baumiller, Renate (2011): Suchende im Tanz. In: Augsburger Allgemeine Zeitung, Ausgabe Nr. 62, 16.03.2011, S. 35. Anhang A 4*

Kapitel 5

Kunst ist Leben

Poiesis und *„Ungestalt"*

Poiesis im Sinne der Entstehung eines künstlerischen, gestalteten Werkes und im Sinne, dass der Mensch durch sein schöpferisches Tun ins Sein kommt, in dem er sich selbst und die Welt formt, hat in allen acht Soli-Werken und der Gesamtchoreografie *Ungestalt* Gestalt angenommen. Jede Tänzerin hat sich selbst, ihr eigenes Leben und damit ihre eigene Wahrheit im Dasein geformt und zum Ausdruck gebracht.

Dasselbe gilt für mich in meiner Rolle als Coach, Choreografin, Künstlerin und Pädagogin. Durch meine Ideen und mein schöpferisches Tätigsein habe ich etwas Neues in die Welt hineingebracht: die EXA in das Choreografie-Projekt und das entstandene choreografische Werk *Ungestalt* auf die Bühne.

EXA mit der Methode IDEC® war im Projekt *Ungestalt* bereichernd und nachhaltig. Zum ersten Mal entwickelten die Tänzerinnen im künstlerischen Prozess eigenständige Soli. Zum ersten Mal entstand eine Choreografie mit dem Stilmittel Tanz und Sprache. Mit der Choreografie *Ungestalt* und der gesamten Performance ging meine künstlerische Entwicklung weiter in der interdisziplinären Vernetzung der klassischen Kunstdisziplinen und der intermedialen Anwendung der Künste. Ich schließe damit an die zeitgemäße Entwicklung in der Kunst allgemein und in den Expressive Arts speziell an.

Gestalt als „Einheit in Mannigfaltigkeit"

So wie der Begriff „Gestalt" aus philosophischer Betrachtungsweise und Definition (siehe Kapitel 1) als „Einheit einer Mannigfaltigkeit" verstanden wird, kann dies im abgeschlossenen Choreografie-Werk wahrgenommen werden. Alle acht Soli-Werke in ihrer Eigenständigkeit und Individualität haben sich in der Choreografie *Ungestalt* zu einem größeren Ganzen gefügt, „deren eigenständige Gestaltqualität nicht auf die Qualitäten der Teile der Mannigfaltigkeit reduzierbar ist."[99]

Die eigenständige Gestaltqualität der Choreografie und die besondere Erfahrung, ein Teil der Gruppe, ein Teil des Ganzen zu sein, kommt bei der Abschlussreflexion in den Aussagen der Teilnehmerinnen eindeutig zum Ausdruck:

99_ Mittelstraß, Jürgen (Hg.) (1995): Enzyklopädie Philosophie Bd. I. S. 765

Anja W.: *„Bei der Performance war es für mich spürbar, wie intensiv wir miteinander verbunden sind."*

Barbara K.: *„Das fand ich so toll, dass wir so ein unsichtbares Miteinander hatten."*

Hermine: *„Für mich war es etwas ganz Besonderes in dieser Gruppe zu tanzen. Ich empfand ein Getragensein in der Gruppe und in der Zusammenarbeit."*

Rita: *„Ich habe eine große Zusammengehörigkeit in unserer Gruppe gespürt."*

Das Programm der abendfüllenden Performance setzte sich aus den einzelnen unterschiedlichen Werken zusammen. Nur in der intensiven Zusammenarbeit und Verantwortung aller konnte dieses Gesamtwerk und Ereignis stattfinden.
Die Wirkung, vor allem die der Strahlkraft, vermittelte sich von innen nach außen. Alle Beteiligten waren in ihrer Begeisterung für die Sache miteinander vernetzt. Der künstlerische Prozess und der Auftritt hat unser Erlebnis der Zusammengehörigkeit vertieft und uns als Gruppe gestärkt.

Kapitel 5

Expressive Arts mit Tiefgang und Nachhaltigkeit
Im Vorwort der Masterarbeit habe ich meine Motivation zur Anwendung der EXA in meinem künstlerischen Arbeitsfeld beschrieben. Ich habe mich auf einen sehr intensiven Arbeitsprozess eingelassen. Als Coach war ich intensiv in Kontakt mit jeder Person und mit jedem Thema, das sich zeigte. Die Arbeit mit der Methode des IDEC® brachte uns menschliche Nähe und persönliche Kommunikation.

In den ästhetischen Analyse-Interviews wurden für die Tänzerinnen und für mich Erfahrungen ausgesprochen und bewusst, die sonst nie zur Sprache gekommen wären. Erfahrungen, die sich auf das entstandene Werk, den Entstehungsprozess, das individuelle Erleben, die richtungsweisenden Aspekte und die Wirkung und Nachhaltigkeit beziehen.

Am Ende der Arbeit soll der Focus noch einmal auf die Antworten auf die Frage der Nachhaltigkeit gerichtet werden. Die anschließenden Statements stehen für die Essenz der nachhaltigen Erfahrungen, die von der Dezentrierung im künstlerischen Projekt weiter in den Alltag der Tänzerinnen hineinwirken:

Kapitel 5

*Tanzen und künstlerisches Tun ist ein Lebenselixier,
eine Quelle der Nahrung für Geist und Seele.*

Künstlerisches Tun führt zu sich selbst, zu Selbsterfahrungen.

Künstlerisches Tätigsein hilft, sich zu zentrieren.

Tanzen ist eine Quelle der Lebensfreude.

Künstlerisches Tun ermöglicht neue Erfahrungen.

Kunst bereichert den Alltag, gibt ihm Glanz und Farbe.

Tanzen verändert den Alltag, eröffnet neue Perspektiven.

Im künstlerischen Prozess lassen sich persönliche Handlungsmuster
klar erkennen und nachfolgend im Alltag positiv verändern.

Künstlerisches Tätigsein führt zu authentischem Handeln.

Kunst schafft wohltuenden Abstand zum Alltag.

Künstlerisches Tun führt zu tieferer Erkenntnis des Daseins.

Tanzen ist Ausdruck von Spiritualität.

Tanzen ist Gebet.

Fazit

Geschichte verbindet sich mit Gegenwart

Die letzten beiden Statements bestätigen die Aussagen der Tanzhistorikerin Maria-Gabriele Wosien, die im ersten Kapitel „Tanz als Kulturgut" zur Sprache kamen. Der Mensch ist im Tanz eins mit sich selbst und der Vielfalt, die ihn umgibt. Hier macht er eine Ganzheitserfahrung der Einheit allen Lebens und transzendiert sich selbst.

Auch die Erfahrung und Aussage der Tanzpionierin Mary Wigman, für die sich im Tanzen „Erleben und Gestalten durchdringen"[100], lässt sich in den Erfahrungen der Tänzerinnen wiederfinden.

Das Glücksgefühl meiner Kindheit, in das ich in meiner Erinnerung gedanklich zurückgehen kann, ist wohl gleich dem Erleben der erwachsenen Tänzerinnen wenn sie sagen: Kunst schaffen verändert und bereichert den Alltag, gibt ihm Glanz und Farbe, ist eine Quelle der Lebensfreude!

Die EXA haben im Choreografie-Projekt *Ungestalt* einen wertvollen Erfahrungsraum geöffnet. Jede Tänzerin hat persönliche Ressourcen entdeckt und ihre künstlerischen Fähigkeiten, Selbstkompetenzen und sozialen Kompetenzen erweitert. Erlebtes und Gefühltes wurde bewusst. Im künstlerischen Tun haben wir Leben gestaltet. Die nachhaltigen Erfahrungen wirken im Alltag weiter und verändern ihn.

Ausblick

Im Mai 2012 hat ein neuer Choreografie-Werkstatt-Zyklus begonnen. Mit meiner **tanzwerkstatt-compagnie** und mit den EXA gehe ich weiter Hand in Hand. Durch das Projekt Ungestalt sind meine Tänzerinnen und ich reicher geworden an persönlichen Erfahrungen und künstlerischen Kompetenzen. Sie fließen in die bevorstehenden Präsentationen zum 20-jährigen Jubiläum der *tanzwerkstatt* im Jahr 2014 ein.

Meine persönliche Vision ist, immer tiefer in das Geheimnis der Präsenz und damit in die Kunst des Lebens und aller künstlerischen Schaffensprozesse einzutauchen. Kunst ist bewegter, gefühlter, sichtbarer, hörbarer Ausdruck des Lebens.

Kunst ist Leben

100_ Wigman, Mary (1986): Die Sprache des Tanzes. S. 9

Epilog

getanzte geschichten bewegen

ungestalt
lockt zu den wurzeln
begegnung in der tiefe

worte klingen und geben rhythmus
überraschende wendungen
führen zum tanz

tanzen ist leben
fühlen, formen, gestalten
erfüllte gegenwart

getanzte geschichten bewegen
verknüpfen und vernetzen
fremde am meer

vernetzen hat viele namen
trauen und vertrauen
getragensein und tragen

fäden schimmern golden
schützen hässlich und zerbrechlich
lava schmetterling und suchende

verwurzelt im atemholen
strahlt goldene schönheit
ich bin die ich in wahrheit bin

Danke

Nachworte und Danksagungen

Über den Zeitraum von mehreren Monaten durfte ich die Tänzerinnen in ihrem individuellen Prozess der Gestaltwerdung ihres Solo-Werkes begleiten. Im Laufe dieser Zeit hatten wir mehr persönliche Kontakte und Gespräche, als wir sie sonst innerhalb einer Choreografie-Werkstatt hatten. Für das entgegengebrachte Vertrauen möchte ich mich hier an dieser Stelle von Herzen bedanken. Ich freue mich mit jeder einzelnen Tänzerin und bin stolz auf die entstandenen Soli-Werke und das Choreografie-Werk *Ungestalt.*

Mein weiterer Dank geht an alle, die es mir ermöglicht haben, das Studium der Expressive Arts zu machen und dieses Buch zu schreiben, insbesondere an:

Meine Eltern, die mir meine Erbschaft mit den Worten überließen: „Verwende sie für etwas, das dir Freude macht" – sie haben mir das Studium der Expressive Arts ermöglicht. Es hat meine Seele und mein Wachstum genährt. Darüber bin ich glücklich – danke!

Prof. Margo Fuchs Knill, meine Thesis Advisorin und Begleiterin im Schreibprozess meiner Masterarbeit. Sie wurde nie müde mich zu ermutigen, mir konstruktive Rückmeldungen zu geben und mit mir in Kontakt zu bleiben, bis das Werk abgeschlossen war.

Siegfried Stiller, Künstler, Maler, Fotograf. Er begleitet meine choreografische Arbeit seit 2002 mit seiner Fotokamera. Es gelang ihm, ausdrucksvolle Tanzmomente im richtigen Augenblick mit seiner Kamera festzuhalten. Das eröffnet allen Leserinnen und Lesern dieses Buches eine weitere Perspektive, Tanz wahrzunehmen.

Andrea Weißenbach, die Lektorin meiner Masterarbeit und des vorliegenden Buches. Für ihr sorgfältiges, geduldiges Korrekturlesen und die Vielzahl von hilfreichen Ratschlägen.

Matthias Gruhn, Grafiker. In inspirierender Zusammenarbeit hat er das Buch druckreif gemacht und ihm seine unverwechselbare Gestalt verliehen.

Verzeichnisse und Quellen

Quellen

Bücher

Ausländer, Rose (1992): Im Atemhaus wohnen. Gedichte. Frankfurt a.M: Fischer TB-Verlag.

Bender, Susanne (2007): Die psycho-physische Bedeutung der Bewegung. Ein Handbuch der Laban Bewegungsanalyse und des Kestenberg Movement Profiles. Berlin: Logos Verlag.

Eberhart, Herbert/Knill, Paolo J. (2009): Lösungskunst. Lehrbuch der kunst- und ressourcenorientierten Arbeit. Göttingen: Vandenhoeck & Rupprecht GmbH & Co. KG.

Foster, Susan Leigh (2003): Taken by Surprise. Improvisation in Dance and Mind, In: Albright, Ann / Cooper, Gere, David (Hg.): Taken by Surprise. A Dance Improvisation Reader, Connecticut: Wesleyan University Press, S. 3 – 12.

Halprin, Anna (2000): Tanz, Ausdruck und Heilung. Essen: Synthesis Verlag.

Haselbach, Barbara (1976): Improvisation Tanz Bewegung. Stuttgart: Ernst Klett Verlag.

Hauskeller, Michael (1998): Was ist Kunst? Positionen der Ästhetik von Platon bis Danto. 9. Auflage (2008). München: Verlag C.H. Beck oHG.

H'Doubler, Margaret N. (1940): Dance a creative art experience. 8. Auflage (1974). Wisconsin: The University of Wisconsin Press.

Kabat-Zinn, Jon (2009): 108 Momente der Achtsamkeit. Freiamt im Schwarzwald: Arbor Verlag GmbH.

Kaltenbrunner, Thomas (1998): Contact Improvisation, bewegen, tanzen und sich begegnen. Aachen: Mayer und Mayer Verlag.

Knill, Paolo J. (2005): Kunstorientiertes Handeln in der Begleitung von Veränderungsprozessen. Gesammelte Aufsätze zu Methodik, Ästhetik und Theorie. Zürich: EGIS Verlag.

Quellen

Knill, Paolo J./Levine, Ellen G. / Levine, Stephen K. (2005): Principles and Practice of Expressive Arts Therapy. Towards a Therapeutic Aesthetics. London: Jessica Kingsley Publishers.

Laban, Rudolf von (1988): Der moderne Ausdruckstanz in der Erziehung. Eine Einführung in die kreative tänzerische Bewegung als Mittel zur Entfaltung der Persönlichkeit. Wilhelmshaven: Florian Noetzel Verlag.

Lampert, Friederike (2007): Tanzimprovisation. Geschichte – Theorie – Verfahren – Vermittlung. Bielefeld: transcript Verlag.

Mittelstraß, Jürgen (Hg.) (1995): Enzyklopädie Philosophie und Wissenschaftstheorie, Band I – IV. Stuttgart: Verlag J. B. Metzler u. Carl Ernst Poeschel.

Moscovici, Hadassa K. (1989): Vor Freude tanzen, vor Jammer halb in Brüche gehen. Frankfurt a.M.: Luchterhand Literaturverlag GmbH.

Peter-Bolaender, Martina (1992): Tanz und Imagination. Paderborn: Junfermann Verlag.

Siegmund, Gerald (Hg.) (2004): William Forsythe. Denken in Bewegung. Berlin: Henschel Verlag.

Wigman, Mary (1986): Die Sprache des Tanzes. München: Battenberg Verlag.

Wosien, Maria-Gabriele (1988): Sakraler Tanz. Der Reigen im Jahreskreis. München: Kösel-Verlag GmbH & Co.

Fachzeitschriften

Fischer, Eva-Elisabeth (2009): Pina Bausch, zum tod von pina bausch. In: *ballet-tanz,* Jg. 2009, H. 4 (August/September), Seite 8.

Horwitz, Carol (1987): The Politics of Improvisation. In: *Contact Quarterly,* Jg. 1987, Vol. 4, S. 44 – 45.

Neuner, Ursula Anna (2011): Tanzen –Brückenschlag in Gottes Gegenwart. Interview mit Weißenbach Andrea. In: *Da berühren sich Himmel und Erde.* Pfarrbrief der Kath. Pfarreiengemeinschaft Utting-Schondorf, Jg. 2011, H. 5 Advent/Weihnachten, S. 8 – 10.

Schorn, Ursula (1986): Anna Halprins' Life-Art-Process. In: *Zeitschrift tanzen*, Jg. 1986, Nr. 4, S. 13.

Schorn, Ursula (2000): Anna Halprins' Life-Art-Process. In: Klein, Gabriele, *Jahrbuch Tanzforschung,* Jg. 2000, Nr. 10, Hamburg: LIT Verlag, S. 257

Servos, N. (1985): Im Labor der Gefühle. In: *ballett international,* 1995, H. 1, S. 7 – 13.

Ausstellungskataloge und Programme
Bayerisches Staatsballett (Hg.) (2010): *Programmheft Ballettfestwoche 2011.* Nationaltheater München. Sidi Larbi Cherkaoui/Damien Jalet Company Eastman, Babel (Worte). München, Samstag, 30. April 2011, S. 72f.

European Graduate School EGS (2012): *Graduate and Postgraduate Program 2012.* European Graduate School EGS, Arts, Health and Society Division.

Müller, Hedwig / Stöckemann, Patricia (1993): *"...jeder Mensch ist ein Tänzer."*. Ausdruckstanz in Deutschland zwischen 1900 und 1945. Begleitbuch zur Ausstellung „Weltenfriede – Jugendglück". Vom Ausdruckstanz zum Olympischen Festspiel. Eine Ausstellung der Akademie der Künste, Berlin, in Zusammenarbeit mit dem Deutschen Tanzarchiv Köln, der Theaterwissenschaftlichen Sammlung, Universität zu Köln, und der Mary Wigman-Gesellschaft, Köln. 2. Mai – 13. Juni 1993. Gießen: Anabas-Verlag Günter Kämpf KG.

MOVE. Choreographing you. Art and Dance Since the 1960s. Ausstellungskatalog Munich, 11 Feb – 15 Mai 2011 (2010): Haus der Kunst (Hg.). Köln: Verlag der Buchhandlung Walther König.

Zeitungen
Baumiller, Renate (2011): Suchende im Tanz. In: *Augsburger Allgemeine Zeitung,* Ausgabe Nr. 62, 16.03.2011, S. 35.

Finger, Evelyn (2009): Nachruf Pina Bausch. In: *DIE ZEIT,* Ausgabe Nr. 28, 02.07.2009. Online verfügbar unter: http://www.zeit.de/2009/28/Nachruf-Pina-Bausch. Datum der Überprüfung: 20.05.2012

Quellen

Quellen

Müller-Bardorff, Birgit (2012): Aus dem Gleichgewicht. Premiere. Das Ballett zeigt ein Stück des Tanzrevolutionärs William Forsythe. In: *Augsburger Allgemeine Zeitung,* Ausgabe Nr. 69, 22.03.2012, S. 32.

Weber, Lilo (2009): Eine große Bühnenkünstlerin unserer Zeit. Überraschender Tod der Choreografin Pina Bausch. In: *Neue Zürcher Zeitung,* 30.06.2009. Online verfügbar unter: http://www.nzz.ch/nachrichten/kultur/aktuell/pina_bausch_choreografin_gestorben_1.2861027.html. Datum der Überprüfung: 01.03.2013

Auftragswerk
Neuner, Ursula Anna (2007): Beispiele zu den vier Grundstrukturen der Laban-Bewegungsanalyse. Für: *Der musikalische Kindergarten.* Pilotprojekt des Institutes für Elementare Musikerziehung des Schott-Musikverlages (Auftraggeber). Mainz

Persönliche Aufzeichnungen
Neuner, Ursula Anna (1994): *Eröffnung der tanzwerkstatt.* Nicht veröffentlichte Ansprache am 15.07.1994, Augsburg.

Neuner, Ursula Anna (2009): Nicht veröffentlichte, persönliche Mitschrift der Veranstaltung: *Knill, Paolo J.: Community Art, Sommerschule 2009,* 21.07.2009, Saas-Fee CH.

Neuner, Ursula Anna (2010): Nicht veröffentlichte ästhetische Analyse-Interviews. Augsburg.

Foto- und Bildnachweise
Alle in diesem Buch verwendeten Fotografien zur Choreografie *Ungestalt* sind Werke von Siegfried Stiller. Sie entstanden im abraxas-Theater in Augsburg, im März 2011.

Die Laban-Bewegungsanalyse[1]

setzt sich aus vier Grundstrukturen zusammen:

den Antrieben (Wie mache ich eine Bewegung?)
der Formgebung (Was mache ich?)
der Raumnutzung (Wie nutze ich den Raum in der Bewegung?)
und dem Einsatz des Körpers. (Welche Körperteile sind bei einer Bewegung involviert?)

Anhang A1

[1] Bender, Susanne (2007): Die Psycho-physische Bedeutung der Bewegung. Berlin, S. 4

Richtungen – Levels - Wege

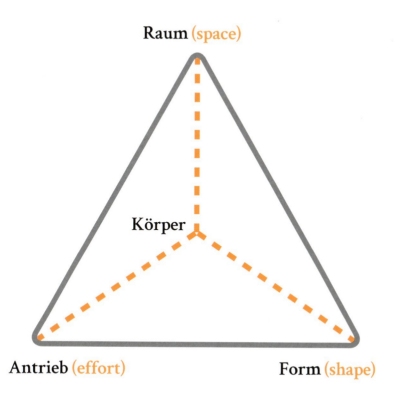

Anhang A2

Beispiele zu den vier Grundstrukturen der Laban-Bewegungsanalyse

1. Körper

Körperteilbewegungen

| Kopf | Schultern | Arme | Hände - Finger |

Grundformen der Bewegung

hohe Ebene:

| Gehen | Laufen | Federn | Hüpfen |

tiefe Ebene:

| Liegen | Sitzen | Schieben | Rollen |

Variationen der Grundformen hohe und tiefe Ebene

| Schleichen | Trippeln | Stampfen | große Schritte |

Kombinationen von zwei Grundformen hohe und tiefe Ebene

| gehen/drehen | hüpfen/drehen | Gew.verl./drehen | laufen/springen |

2. Raum

Richtungen

| vorwärts | rückwärts | rechts | links |

Raumwege

| gerade | kurvig | zick-zack | rund |
| | | | |

Aufstellung

| Kreis | Reihe | Linie | Block |

Kinesphäre

| eng | mittel | weit |

3. Form (shape)

einschließen - ausbreiten   steigen - sinken

4. Antriebe (efforts)

Raum   **Kraft**

direkt - indirekt   kraftvoll - leicht

Anhang A2

1. Körper
Körperteilbewegungen

| Oberkörper | Becken | Beine | Füße |

Grundformen der Bewegung

hohe Ebene:

| Springen beidb. | Galopp vw/sw | Schwingen | Gewichtverl. |

tiefe Ebene:

| Schlängeln | Krabbeln |

Variationen der Grundformen hohe und tiefe Ebene

| Drehen | Anstellschritte | Sprünge: einbeinige | Lauf/Scher/Pferd |

Kombinationen von zwei Grundformen hohe und tiefe Ebene

| schwingen/dreh. | krabbeln/rollen | schlängeln/rollen |

2. Raum
Richtungen

| seitwärts | hoch | tief | digonal |

Raumwege

| eckig | spiralig | diagonal | frei |

Aufstellung

| Gasse | Paare | Schlange | frei im Raum |

3. Form (shape)

4. Antriebe (efforts)
Zeit **Fluß**

langsam - schnell   gebunden - frei

Neuner, Ursula Anna (2007): Beispiele zu den vier Grundstrukturen der Laban-Bewegungsanalyse. Auftragswerk für:
Der musikalische Kindergarten. Pilotprojekt des Institutes für Elementare Musikerziehung des Schott-Musikverlages.Mainz

Anhang A3

OPER

Leitfaden für die Ästhetischen-Analyse-Interviews[1]
Leitfragen, die im Ablauf hilfreich waren:

[1] Vgl. Eberhart, Herbert/ Knill, Paolo J. (2009): Lösungskunst. S. 126ff

(O)-Oberfläche
Wie würdest Du Dein Tanz-Solo beschreiben?
Wie ist Deine Bewegung im Raum?
Wie ist die Formgebung?
Wie ist Dein Krafteinsatz und Deine Dynamik?
Wie ist Deine Sprache?

(P)-Prozess
Was war für Dich hilfreich im Entstehungsprozess Deines Werkes?
Was war hinderlich?
Was hat Dich trotzdem zum Weitermachen bewegt?

(E)-Erleben
Gab es besondere Erfahrungen, die Du in diesem Prozess gemacht hast?
Gab es Überraschungen bei der Entstehung Deines Solos?
Gab es Unerwartetes?
Wo war für Dich Emotion mit dabei?
Was hat Dir geholfen?
Gab es noch etwas Wichtiges?

(R)-Richtungsweisendes
Braucht Dein Werk noch etwas?
Wie möchtest Du mit Deinem Solo gerne weitermachen?
Was ist jetzt am Ende unseres Gespräches besonders bedeutungsvoll für Dich?

Abschließende Frage, welche die Nachhaltigkeit der Erfahrungen anspricht:
Gibt es eine Erfahrung aus diesem künstlerischen Prozess, die in Deinen Alltag hineinwirkte?

MITTWOCH, 16. MÄRZ 2011 NUMMER 62

Feuilleton regional

Suchende im Tanz
Performance „Binbinbin" im abraxas

VON RENATE BAUMILLER

Kein Wunder, dass sich die zehn Frauen der „tanzwerkstatt-compagnie" unter Leitung von Ursula Anna Neuner für Rose Ausländers kleines Poem begeisterten: „Alle Gestalten kommen aus der Ungestalt, ihre Wurzeln sind aus Luft, in ihr verwurzelt atmen alle Gestalten luftigen Zusammenhang." Man kann diese Worte fast als Manifest für den Körper, Geist und Intuition verbindenden Performancestil lesen, den die Tanz- und Diplompädagogin Neuner seit 17 Jahren in ihrer Augsburger Tanzwerkstatt einfließen lässt.

Behutsam und exakt einstudiert, machten die diversen Kurzchoreografien wie „Alleine und doch gemeinsam" oder auch „Jungle Drum" und Tanz-Projekte wie „Ungestalt" den Zuschauern im ausverkauften abraxas unwillkürlich die Zusammenhänge der frei fließenden Bewegungen deutlich.

Die tanzenden Frauen spiegelten immer auch Emotionen wider. So fanden sie Raum, sich als „Suchende" zu definieren, die Zerbrechlichkeit oder auch die Fremdheit im eigenen Leben auszudrücken. Symbolhaft, expressiv und melancholisch zeichnete Ursula Neuner in ihrem Solo „… in leeren Händen kühne Träume ausgebreitet" das Verbliebene nach und beeindruckte mit dieser Hommage an eine 2010 verstorbene Freundin.

Wie virtuos es aussieht, wenn man Körperzentriertheit mit fließenden Bewegungen in spannungsvoller Dynamik vereint, demonstrierte als Gast der Tänzer und Tanzpädagoge Rusty Lester mit der von ihm entwickelten Taiji-Tanz-Technik. Applaus gab es nicht nur für ihn, sondern für die ganze tanzwerkstatt-Compagnie.

Tanz ist nicht nur Bewegung, Tanz ist auch Emotion, wie die tanzwerkstatt-Compagnie im Kulturhaus abraxas eindrucksvoll zeigte. Foto: Annette Zoepf

Anhang A4

Anhang A5

1_ *Baumiller, Renate (2011):*
Die Suchenden im Tanz. Nicht veröffentlichte
Langfassung für die Augsburger Allgemeine
Zeitung, Ausgabe Nr. 62, 16.03.2011, S. 35

Die Suchenden im Tanz

tanzwerkstatt Ursula Neuner zeigt ihre Tanzperformance „binbinbin" im Abraxas

Kein Wunder, dass sich die zehn Frauen der „tanzwerkstatt-compagnie" unter Leitung von Ursula Anna Neuner für Rose Ausländers kleines Poem begeisterten: „Alle Gestalten kommen aus der Ungestalt, ihre Wurzeln sind aus Luft, in ihr verwurzelt atmen alle Gestalten luftigen Zusammenhang" dichtete die große jüdische Lyrikerin (1901-1988) in „Ungestalt". Man kann diese Worte fast als künstlerisches Manifest für den ganz eigenen, Körper, Geist und Intuition verbindenden Performancestil lesen, den die Tanz- und Diplompädagogin seit nunmehr 17 Jahren in ihrer Augsburger Tanzwerkstatt in die kreative Bewegungs- und Energiearbeit sowie ihren im zeitgenössischen Tanz verankerten Unterricht einfließen lässt.

Behutsam und exakt einstudiert, mit spürbarer Hingabe, tiefem Bewusstsein und sichtlicher Freude getanzt, machten die diversen Kurzchoreografien wie „Alleine und doch gemeinsam" oder auch „Jungle Drum" und Tanz-Projekte wie „Ungestalt" den Zuschauern im ausverkauften Abraxas unwillkürlich die luftigen Zusammenhänge dieser so wunderbar frei fließenden, ganzheitlichen Bewegungen deutlich. Diese schulen zum einen die eigene Körpersensibilität, Koordination und Flexibilität und lassen zum anderen als universelle Ausdrucksform auch die achtsame Einbindung des Gegenübers zu. Die tanzenden Frauen spiegelten aber bei aller Konzentration auf die Balance, die Körpermitte oder den Atemfluss immer auch Emotionen wider. So fanden sie ausreichend Raum, um in der Bewegung zu interpretieren, sich als „Suchende" zu definieren, die Zerbrechlichkeit oder auch die Fremdheit im eigenen Leben auszudrücken und aus der Erkenntnis der körperlichen Empfindung die Motive der individuellen Lebensgestaltung nachzuempfinden. Symbolhaft, expressiv und melancholisch zeichnete Ursula Neuner in ihrem Solo „ ...in leeren Händen kühne Träume ausgebreitet" das Verbliebene nach und beeindruckte mit dieser getanzten Hommage an eine 2010 verstorbene Freundin. Wie virtuos und faszinierend unangestrengt es aussieht, wenn man perfekt verinnerlichte Körperzentriertheit mit absolut fließenden Bewegungsabläufen in spannungsvoller Dynamik vereint, demonstrierte als Gast der Tänzer und Tanzpädagoge Rusty Lester mit der von ihm entwickelten Taiji-Tanz-Technik. Genial kombiniert er darin Quigong-Elemente mit konventionellem Tanzvokabular aus dem Modern und erhielt dafür etwa in dem Duo „Crazy" gemeinsam mit Ursula Neuner großen Beifall. Den spendeten die Zuschauer aber auch den Mitgliedern der tanzwerkstatt-Compagnie, die im „Pois-Swinging"-Finale die im Rituellen wurzelnde neuseeländische Kunst der schwingenden Pois (= Stoffbälle als Symbol für den friedvollen Weg) belebten und gekonnt die universale Bedeutsamkeit der schwingenden Energie ins rechte Licht rückten.[1]

Anhang A5

Impressum

Ursula Anna Neuner
Getanzte Geschichten bewegen –
Expressive Arts Coaching im künstlerischen Gestaltungsprozess
© ursanatanz, Augsburg 2013
Rose Ausländer, Ungestalt. Aus: dies., Ich höre das Herz des Oleanders. Gedichte 1977-1979.
© S. Fischer Verlag GmbH, Frankfurt am Main 1984

Alle Rechte, insbesondere das Recht der Vervielfältigung und Verbreitung sowie das Recht der Übersetzung, sind der Autorin vorbehalten. Kein Teil des Werkes darf in irgendeiner Form – durch Fotokopie, Mikrofilm oder andere elektronische Systeme reproduziert, gespeichert, vervielfältigt oder verbreitet werden.

Email: info@tanzwerkstatt-augsburg.de
Besuchen Sie meine Homepage:
www.tanzwerkstatt-augsburg.de

Titel:
Fotografien von Siegfried Stiller, Augsburg
Ausschnitt gemaltes Bild von Tania L., Augsburg

Buchgestaltung, Satz und Graphik: Matthias Gruhn, Augsburg
Lektorat: Andrea Weißenbach, Utting am Ammersee

Druck: SENSER-DRUCK GmbH, Augsburg
Umwelthinweis: Ökostrom, Biofarben, klimaneutral, IPA-frei

Printed in Germany
ISBN 978-3-00-041428-2

ursanatanz